おかげさまで生きる

矢 作 直 樹

幻冬舎文庫

はじめに

子どもの頃から人は死んだらどうなるのだろうかと考えていた私が「見えない世界」への確信を得たのは、世界的に有名な文献でもベストセラーでもなく、一番身近な肉親の死からでした。

私は二〇一一年に出版した拙著『人は死なない』（バジリコ刊）で、母の死後に霊媒《れいばい》役をしてくれた友人を通じて他界した母と交流した時のことを書きましたが、二人の間でしか知り得ない多くの情報のやりとりに驚愕《きょうがく》したと同時に、あの世は私たちのいる世界のすぐそばにあるという確信を得ました。

そこで感じたこと、それは「死を心配する必要はない」ということです。

肉体の死は誰にも等しくやって来ますが、死後の世界はいつも私たちの身近にある別世界であり、再会したい人とも会えます。でもその前にやるべきことがあります。自分の人生を全《まっと》うすることです。人生を全うするということは、すなわち自分を知るということ。お天道《てんとう》さまに恥じない生き方とはどういうことか、生きている間にあれこれ自問自答し、様々な経験を経た後にあの世へと還《かえ》るのがこの世のルールなのだろう、と私は感じています。

自分を知るということは、他人を知るということにもつながります。

若いうちはこの言葉の深意がつかめませんが、様々な経験を積むうちに、他人を知らずして十全自分を知ることはないのだという事実が身に染《し》みる瞬間が訪れます。良い出来事の時に訪れることもあれば、悪い出来事の時もあるでしょう。その時、人は「おかげさま」という言葉を学びます。目には見えないけれども、おかげさまという力が自分の周囲に満ちているのだと気づくのです。

人は皆、人の役に立つよう自分の人生を生きており、大いなる存在に生かされています。死を心配せずに毎日を楽しく生きることが今回の人生を与えられた私たちの使命であり、何よりも今を楽しむことこそ、最も重要なキーワードだと思います。

はじめに —— 3

第1章 見えないものに意味がある

一〇分の間にある生と死の境 —— 12
一〇〇〇メートルの滑落事故で聞いた声 —— 17
病院は何でも治してくれるところではない —— 22
プラスの気が増えると免疫力が上がり、減ると病気になる —— 28
手を当てると痛みがやわらぐ理由 —— 33
死ぬことは普通のこと —— 37
今を生かされていることに感謝 —— 43

救急の現場では予想を超えることも日常茶飯事 48
独りで逝く人も、孤独ではない 52

第2章 答えは出すものでなく出るもの

急ぐことはない、焦ることもない 58
しかたがないことはしかたがない 64
寿命ではなく、「余命」を頭に置く 71
忙しい時こそ、周りを見わたす 77
半径五メートル外の人の間で揉まれる 83
今の人生は一度きり、今回限り 87
「無理」が私たちを苦しめる 93

良いも悪いも、つかんだら手放す――98

第3章 欲しがるのをやめる

課題は解決しないと追いかけてくる――106
立場をわきまえると信頼を勝ち取れる――110
年相応に欲の始末をする――115
体が衰えても楽しいことは見つかる――121
つながりを切らずに、しがらみを断つ――126

第4章 評価は誰かの思い込みにすぎない

「あなたはがんです」と伝えるのは思いやりか――134

蒔いた種は自分で刈り取る――139
いつもお天道さまが見ている――144
誇りはすべての人が生まれた時から持っている――148
良し悪しは、常にあやふやなもの――153
人生は「運・鈍・根・金・健」――157

第5章 人は魂でつながっている

命のリレーが歴史をつむいでいる――164
江戸人が使った「死んだら御免」――170
「人をだますな」と教えるか「人にだまされるな」と教えるか――177
神道はすべてのものをありがたいと感じる力――184

「清明正直」に生きる――190
あちらの世界で開く反省会――194
日本人に受け継がれてきた「別品の心」――199
過去を変えることができる――206
解説　榎木孝明――213

DTP　美創
協力　瀬知洋司

第1章

見えないものに意味がある

◆一〇分の間にある生と死の境

医師になってから三〇年余り、私は様々な現場を経験しました。

麻酔科を皮切りに内科、救急・集中医療と、今振り返ってもその時の現場ごとに様々な葛藤《かっとう》があると同時にたくさんの学びがありました。学びは多岐《たき》にわたりますが、その中で最も印象的なもの、それが「生と死の境目は誰にもわからない」という事実でした。

救急には毎日のように、重篤《じゅうとく》な患者さんが運ばれてきます。意識がある、会話ができる方ならいざ知らず、大半は意識がなく、場合によっては心肺停止状態で担架に乗せられてやって来ます。交通事故、殺傷事件、自殺未遂、脳卒中、心筋梗塞《しんきんこうそく》、もちろん急変による転院搬送もあります。状況は様々ですが、その状態で救急医療の現場にできることは限られています。当然、目の前の患者さんの容態を厳密にチェックしながら、どのやり方が適当かを迅《じん》速《そく》に考えるわけですが、残念ながら助からない人も大勢います。泣き叫ぶ家族に説明をしながら、完全ではない医療に葛藤し、しかし悩んでいる暇もないほど次の患者さんの救命に即座に対応しなければならない時もある、それが全国の救急医療の現場です。

人間は常温で二〇分間、心肺停止状態なら助かることはないと考えられます。ドラマや小説の世界では、奇跡の生還などと脚色されたりすることがありますが、現実の医療の世界では、そんなことが頻繁《ひんぱん》に起こるはずはありません。人が社会復帰できるくらい、後遺症もなく助かる時間の限界は一〇分間と言われます。その一〇分間に、生と死の境目があるのです。

しかしながら皆が皆、きっちりと一〇分間で決着するわけではありません。心肺停止から八分間で亡くなる人もいれば、一二分間が経過しているにもかかわらず戻ってくる(蘇生《そせい》する)人もいます。

これが命の不思議であり、生と死の境目は誰にもわからないという言葉の深意だと思います。

私はいずれの宗教にも帰依《きえ》していませんが、こうした現場をたくさん見てきた者として言わせていただくと、生と死の境目は神のみぞ知るボーダーラインだと感じます。それは私たちの目には見えない「大いなる存在」の領域で起きている現象であり、何か人智を超えた力によって私たち人間が生かされている、あるいは見守られている証拠であると感じざるを得ません。人間を常に見守る大いなる存在を、私は神＝摂理と呼んでいますが、それは創造主、普遍意識、真理、愛、大いなるもの、自然、大宇宙など様々な言葉で表現されてきました。

人それぞれに生きる目標や価値観が違うように、生きようとする力も人それぞれです。そして、一〇〇人いれば一〇〇通りの死があります。医療現場にいると、それが理屈ではないことがわかります。

だからこそ、生かされていることへの感謝の心が大切です。

100人いれば
100通りの
死がある。

それは大いなる存在のみぞ知る領域。
私たちは生かされていることに感謝したい。

◆一〇〇〇メートルの滑落事故で聞いた声

私が他界（あの世）を確信したのは「はじめに」に書いた通りですが、命の不思議さを痛烈に実感したのは、臨床現場での数多くの学びのほかに、自分自身が生死にかかわる体験をしたということが大きいと思います。

小学校三年生の時でした。父の後をついて神奈川県の江の島に自転車で行った帰り道、私は車にはね飛ばされました。頭から道路に落ちたせいかその後の記憶がなく、退院時には主治医が「小学校を卒業するまでに亡くなるかもしれない」と母に告げました。どうやら頭の中のねじが何本か外れたようです。その時の母の厳しい表情は今でもよく覚えています。その後、吐き気やめまいがしばらくは残りましたが、私自身は現在も元気に生きています。

さらに激しい体験があります。

今から三五年ほど前の一九七九年、私は登山中、二度（三月と一二月）にわたってかなりの距離を滑落《かつらく》しました。一度目は比高一〇〇〇メートル、ゆうに東京タワー三つ分の距離を落ちたにもかかわらず、私は助かりました。この滑落状況は助かるものではないし、助かっていいわけがないのだと当時の私は思いましたが、それでも私自身はこうして生きています。ちなみに二度目の滑落後、私は「もう山には来るな」というこだまのような不思議な声を聞きました。

ひょっとしたら私は小学三年生で遭《あ》った交通事故で死んでいるはずの人間

だったのかもしれません。普通に歩いている時に転んでそのまま亡くなる人もいますから、自動車にはねられて地面に叩《たた》きつけられた私がなぜ生き残ったのかわかりません。山での二度の滑落も、常識で考えると死んでいたでしょう。自分が生き残った理由はやはりわかりませんが、仮にそこで何か大きな力が働いたとするのなら、それは「おかげ＝御蔭」という言葉に象徴される超力だと感じるのです。

私たちを生かしてくれる大いなる存在、大いなる意思のおかげによって、私たちは今日も朝日を浴び、ご飯を食べ、帰って寝る家があり、皆と語らえるのだと、私はつくづく感謝します。

降霊によって亡き母と再会できたのも、霊媒役の友人の力はもちろんのこと、その後ろに控えている目には見えない大きな「おかげさま」の力が働いたことによるものであると感じています。私は、肉体とは別に魂があると表現しますが、魂レベルでは私たちは皆つながった存在だと思っています。それが「おかげさま」のベーシックな部分であり、もちろん亡くなった方もそこに参加しています。肉体は魂の乗り物であり、まるで着ぐるみのような存在です。重くて動きづらく、時には捨ててしまいたい衝動に駆られることもあるでしょう。

それでも私たち人間には、肉体を伴う人生で得る様々な経験を学びに変える使命があります。この人生を大いなる存在から賜《たまわ》ったからこそ、おかげさまで人生を楽しんでいますとご報告することは、私たちに与えられた使命なのです。

今日も、朝日を浴びられることがありがたい。

人生には何か大きな力が
働くことがある。

◆病院は何でも治してくれるところではない

日本人は「おかげ」あるいは「おかげさま」という言葉が好きです。

普段、人は目には見えないネットワークに守られていると本能的に実感しているからです。「お互いさま」という言葉と並び、「おかげさま」は日本人の本質を代弁している気がします。伊勢神宮にもおかげ参りがあります。

日本は戦後、随分と変化しました。産業構造も大きく変化したと思いますが、一番変化したのは「人的ネットワーク」だと思います。

その昔は普通に大家族で住んでいたのが、高度成長の頃には、すでに全国の家庭の多くが核家族化していました。核家族化とも関係しますが、地域コミュニティの結びつきも希薄化しました。ご近所とのお付き合いが薄くなり、住んでいる地域と家族をつなぐ絆《きずな》が縁遠くなり、結果として個人主義という価値観が妙にありがたがられるようになったのです。

世間のそんな変化に伴い、医療や病院に対する市民側の期待も大きく変化しました。医療技術・サービスを提供する側の「役割」を変えたのです。

大家族だった時代には自宅でお年寄りなど身内を皆で看取《みと》っていましたが、高度成長に伴った高度医療技術の進歩によっていくばくかの延命が可能となり、同時に自宅ではなく病院での死を当然のように受け入れる時代となりました。医療は人を助けてくれるもの、病院は何でも治してくれるところ、そういうイメージが世の中に流布したのです。

しかし、医療にも病院にも限界があります。どんな病気も必ず治せるわけではありません。そういうことが知識として世の中に広がり始めた頃、次に出てきたのが「終末期医療」（ターミナル・ケア）という概念です。

ターミナル・ケアとは、救急のような急性のものと、がん・心不全・呼吸不全のような慢性のものとで違いますが、数日から数ヵ月という、医師が判断した肉体死するまでの期間に施される医療のことです。終末期と認定されたら、それまでの治療（手術や投薬など）を差し控え、あるいは中止し、患者さんの行く末をゆっくりと看取りましょうとするものです。

終末期医療という考え方そのものは、現代の日本人にはまだ少し受け入れがたいもののようです。やはり手術や薬でどうにかして治して欲しい、何としてでも延命して欲しいという希望が多いのです。

人は死んだら終わりだと考える人にとっては、死が遠い存在となってしまうことはありがたいことです。あの世を信じない人にとって、死ぬことほど怖いことはないからです。彼らにとって死とは、まるで人生という土俵から突き落とされるようなイメージでしょう。

多くの宗教にはそれぞれ、死後の世界や神の国についての固有の言及がありますが、今の日本人の生き方には、「死んだら終わり、だから現世利益《げんせりやく》を得ることが大切」といった、現実的な姿勢がありありと見えます。これは非常に残念なことだと感じます。

古来、日本人は生と死を同一視していました。一万年を超える歴史を持ち、この世とあの世を精神レベルで自在につなぐことができた日本人は、死は単なる肉体死であり、魂は永遠の存在であると知っていたからです。

自分たちが大いなる存在に生かされている事実を知り、大自然と融合して生きることが最も大切だと知っていたのです。だからこそ、そうした霊性の高さを失いつつある現在の状況は困ったものです。

死に対する誤解や恐怖心は、それが未知なるものであるから生まれます。死んだらどうなるかを知らないからです。まずは「あり得ない」という考え方を、自分の中から追い出してください。この世はわからないことだらけです。人間が知らないことのほうが多くて当然なのです。自在な姿勢で、多くの意見や様々な視点による情報を受け入れるあなたでいてください。

死は怖いものではない。ただ知らないから怖いだけ。

肉体死したら終わりではない。
この世にはあり得ないことなどない。
まずは自分の中から「そんなことあり得ない」という考え方を追い出そう。

◆プラスの気が増えると免疫力が上がり、減ると病気になる

古来、「病《やまい》は気から」という言葉があります。

気とは何でしょうか。例えば、自分がちょっと落ち込んでいる時のことを想像してください。やる気が出ない、生きる気力がない、その気にならない、こんなふうに「気」が登場しますね。

気というのは「生命の源」です。血液と違って目には見えませんが、全身を駆け巡るエネルギーであり、常に私たちの体を出入りしています。

気は自然界に普通にあるものです。気を取り入れる力が上がるといろいろなことに取り組む力が湧《わ》き、気を取り入れる力が下がると病気になったりします。

気はその場面ごとにいろいろな言葉に変化します。意欲とか生命力とも呼ばれますし、西洋ではスピリットとかプラーナと呼ばれることもあります。気という言葉には、欧米人には理解しにくい日本人特有のニュアンスがあります。彼らが学んできた西洋医学の範疇《はんちゅう》の外にあるからでしょうか、海外の研究者たちが来日して気功を学ぶとか、気のエネルギーを研究する日本の学者とコラボレーションする話をよく耳にします。

実は日本以上に、欧米では気についての研究が盛んです。ひょっとしたら、「kawaii」(かわいい)という言葉と並んで、「ki」という言葉が海外で当然のように使われる日がやって来るかもしれません。

気軽で自在なイメージを持つ気ですが、私たちは気をうまく使いこなすことが必要です。なぜなら、気は生命エネルギーである以上、その人の感情を大きく左右するからです。

気というのはその時の状況で、プラス（正・陽）になったりマイナス（邪・陰）になったりします。常にどちらか一方であることはないのです。

気分という言葉は「気を分ける」と書きます。まさにプラスとマイナスの気が分かれて、プラスが多ければ気分がいいし、マイナスが多ければ気分が悪くなります。

病気は「病の気」と書きますが、これはマイナスの気が多い状態です。

だからこそプラスの気の割合を増やし、免疫力を高めることが重要です。

病気は自分の内側との対話です。対話の過程でどちらの気を増やすかは、自分次第なのです。

気は生命の源。

全身がプラスのエネルギーで満たされると
病気になりにくくなる。

◆手を当てると痛みがやわらぐ理由

気の話とつながる話ですが、よく使う「手当て」という言葉には「手から出ているエネルギーの照射」という深意があるのをご存じでしょうか？

手当てはどんな人でもできます。

それが強いか弱いかは別にして、誰にでも備わった力で、生命エネルギーを無意識に使うだけのことだからです。

例えば、転んだ時に心から心配してくれる人がとっさに痛いところをさすってくれると、不思議なほど痛みが取れる経験は誰しもあるのではないでしょうか。これは、無意識に湧き上がった真心からの想念というエネルギーにより相手の痛みを癒《いや》す好例です。想いの動機の純粋さが大切なのです。

手当ては、西洋では中世以降の王さまが手を当てることで病気が治ると言われた「ロイヤル・タッチ」が有名です。近年では、看護師出身のドロレス・クリーガー博士（ニューヨーク大学名誉教授）が、米神智学協会会長のドラ・クンツ氏の協力を得て体系化した「セラピューティック・タッチ」が注目を浴び、現在では全米のいくつかの大学の看護系学部においてかなり実践的に教えられています。

手は実に不思議な存在です。力がたくさん出ている場所だからこそ、手当てということが可能になるのです。

外出先から帰ると手を洗うのは、もちろん除菌という目的がありますが、エネルギーの出入りする大切な場所を清潔に保つという目的もあるのだと思います。

また、神社では拍手《かしわで》を打ちますね。これも私たち日本人が昔から、手の持つ不思議な力を感じていたために生まれた行為なのかもしれません。

言葉で伝わらないことが手で伝わることもある。

手当てはどんな人でもできる。
手を当てる、手を握ることで、
私たちは気力を交換している。

◆死ぬことは普通のこと

一人の医師として、これだけはお伝えしたいと思います。

死は誰にとっても、残念な結果ではありません。

ただし、多くの医師の中に「残念な結果」という考え方がまだ根強く残っていることは否《いな》めません。

死ぬということをどう捉《とら》えるかで人生は全く変わってしまうでしょう。それは、その人の死生観にかかわる問題だからです。

『アンドリューNDR114』（原作はアイザック・アシモフ）というSF

映画をご存じですか？　これは人間に奉仕するために作られた、アンドリューというアンドロイドの物語です。ある家族に四代にわたって仕えていた彼は、ポーシャという女性に巡り合います。人間であるポーシャは歳月とともに年老いていき、やがて七五歳となり、人間としての終末期にさしかかっていました。

アンドロイドのアンドリューは死ぬことがありません。そして、そんな自分を作った人間も死ぬことが嫌なのだろうと思っていました。アンドリューの開発した人工臓器は世界中の人々が使用し、人間が長生きするために欠かせない科学アイテムとなっていました。そこでアンドリューは、自分が開発した人工臓器でポーシャが永遠に生きることを望みます。しかし、彼女はそれを拒否し、人間として普通に死ぬことを選びます。

「いつかは死が訪れる、それでいいのよ。それが自然の摂理なのよ。人間は寿命を与えられ、それが尽きたら去る。それが摂理なの」。年老いたポーシャは、こう言ってアンドリューを諭《さと》します。

アンドリューは、この世に生を享《う》けてやがて死ぬということが、人間にとっては必要なプロセスであり、定めであり、永遠に生き続けることは人間にとっての最大の喜びではないのだと学びます。

アンドリューは最初の主人からポーシャまで四世代にわたり、多くの人との交流を経て人間として生きました。そして彼は人間として死ぬことこそ、自分にとって最も大切なことであると知りました。永遠に生きることが尊いのではなく、限られた時間をいかに過ごすかが大事なのだと知ったのです。

アンドリューとポーシャの結婚申請を認めなかった議会が二人の結婚を認

め、アンドリューが人間（最高齢の二〇〇歳）であると承認する直前、彼は静かに息を引き取ります。彼が愛したポーシャもアンドリューの隣で生命維持装置を切ることを願い、二人が寄り添うように最期を迎えるシーンは印象的でした。

この映画が実に秀逸《しゅういつ》なのは、アンドロイドという非日常的な素材を使いながら、人生は寿命があるからこそ素晴らしいのだというテーマを表現した点です。人生をありのままに生きることで、私たちは貴重な体験をすることができます。

同時に私たちが大事にすべき尊厳は、相手をありのままに認めることです。ありのままに認められた人は、自分の人生は有意義なものだったと大きな満足感を得ることができます。その時、人は人生そのものに喜びを感じることができるのです。これがありのままという言葉の持つパワーです。

人生に喜びを感じ始めた人は、死に対する恐怖心が次第に消えてゆき、皆そういう定めなのだということを本質的に理解し始めます。人間には寿命があります。もちろん寿命が長いか短いかには個人差がありますが、人は必ず肉体死を迎えます。その事実を拒絶することなく本心で理解できるわけです。医師や薬がどんな病気でも完全に治すわけではないし、永遠の寿命はどこにもありません。この言葉が本当に理解できるのなら、私たちがやるべきことはたった一つです。

それは、今を全力で生き、今を全力で楽しむこと。

たったそれだけです。そこに集中しましょう。

人生は、
寿命があるからこそ
素晴らしい。
限られた時間を
いかに過ごすかが大事。

どんな人にも永遠の寿命はない。
だからこそ、今を楽しみ、今を生きることに
集中しよう。

◆今を生かされていることに感謝

今を生きていることに感謝すると同時に、私たちは「今を生かされている」ことに感謝することが肝要です。大いなる自然界に生かされているからこそ、私たちは毎日、食べたり飲んだり語らったりすることができるのです。

生きていることは当たり前のことではありません。様々な要素、奇跡的な巡り合わせが重なった結果、私たちはこうして生きています。

日本人は「心構え」や「覚悟」という言葉を大事にしてきました。

生きている間に起こることすべてに対して、「自分が責任をとる」「すべてを受け入れる」という姿勢を貫いてきたからです。心構えも覚悟も「心の準備」なのです。

心の準備は、いつどこからすればいいというものではありません。

それは一人ひとりが普段から行なうものであり、胸の内で静かに行なったらよいと思います。武士道では「生きることは死ぬること」とされます。あらゆる事態を想定して、つまりいつ死んでもいいように普段から身綺麗《みぎれい》にし、心の準備をするということです。

また「武士に二言《にごん》なし」という言葉もあります。これは「武士の一言」から発生した言葉です。武士の一言とは「言い訳なき真実を保証する」こと。

だから二言はないというわけです。

病気や死についても、私たちはそれぞれが心の準備を求められます。

急性期医療、つまり、病気が発症した直後の医療よりも、長期間の治療を必要とする慢性期医療では、患者さんにとって、医師をはじめとする医療スタッフや身内の方々とのきめ細かなコミュニケーションが必要となります。患者さんは精神的、肉体的につらいことが多く、自分の伝えたいことをうまく伝えられないような場合があるでしょう。また、身体の不調からストレスが溜《た》まり、治療そのものに嫌気がさすこともあります。

そんな状況でも、忘れてはならないことがあります。

それは「すべては学び」という言葉です。

私たちは「おかげさま」というネットワークから、いかなる時も試されています。例えば、何かがうまくいかない時、「こうなったのは、あの人のせいだ」と思うことがあるでしょう。しかし、本当にそうなのでしょうか。自分では悪くないと思っていたとしても、客観的に見れば、どこかで自分もその原因を作っていることがあるものです。

だから、どんなにうまくいかない時でも、今ある現実をいったん全部受け入れてください。そして、うまくいかない理由ときちんと向き合ってみることが大切です。あるがままの自分を受け入れ、苦境から学ぶことが、自分と周囲に対する最上の愛へとつながっていきます。

生きることとは
死ぬこと。
あるがままの自分を
受け入れ、
「すべては学びである」
と知る。

あなたは一人で生きているのではない。
自分だけが悪いとか、
相手だけが悪いと思っていては、
正しい生き方を見つけることはできない。

◆救急の現場では予想を超えることも日常茶飯事

救急の現場では、何が起きても不思議ではありません。

それは救命救急に携わる者なら誰もが心得ているわけですが、どんなに困難な状況でも全力を尽くすことは至上命令です。しかし、それでも救えない命がたくさんあります。

そのことを世間もある程度は承知しているはずです。しかし、自分の親しい人が、これ以上はどうにも手を施せないという限界点に来てしまった場合、医療スタッフに対して「あなた方が何とかしろ」と怒る方々も少なくありません。救急に限らず、そもそも病気というのはいつ容態が急変してもおかしくないものだという認識が、まだ不足しています。

しかしどれほど怒っても、患者さんの寿命は変えられません。

どんな状況でも最善を尽くすべきなのは言うまでもありませんが、それでも緊迫した状況において、残念ながら救えない命があります。医師たちも無限の可能性を持つ方法を知っているわけではありませんし、ほとんどの状況では限られた選択肢から最終決断するしかありません。

救急の現場では運ばれてきた時点で確実な止血を望める手術ができない外傷患者さんもいます。その場合、次の方法としては血管内治療による止血が選択されるわけですが、必ずしも血がしっかり止まるとは限らないので、その時点まで来ると、あとは運を天に任せる、つまり祈るしかありません。

だからこそ時間のあるうちに、どういう治療方法にするか、こういう事態になったら以後はどうするかを、患者さん、家族、医療スタッフが丁寧に話し合っておく必要があります。

今はリビング・ウィル（生前の意思）を準備する方も増えていますが、そうした準備こそ最善を尽くすことそのものだと私は思います。

私は自分がぶれないように、「人事を尽くして天命を待つ」「運を天に任せる」という言葉を頭に置いています。そのうえで、予見する力を上げることが大切です。

人事を尽くして天命を待つ。

世の中には急変することはたくさんある。
だからこそ、事前の準備がとても大切。
自分ができることをやり尽くしたら、
あとは運を天に任せる。

◆独りで逝く人も、孤独ではない

畳の上で死にたい、自宅で死にたいという願望は、昔から強くあります。でも、それぞれの家庭が持つ生活背景によって、それが叶《かな》ったり叶わなかったりします。経験者ならおわかりだと思いますが、在宅看護・介護の問題は想像以上に根深いものがあるのです。

病気の種類や症状によって違いますが、痛みなどを伴う場合、自宅で家族が患者さんの症状に付き合うのは想像以上に大変です。二四時間、一緒に耐えねばなりません。

事前に医師からそれを聞かされて平気だとおっしゃる方でも、実際に自宅での看護や介護が数日、数週間、数カ月続くような状態になると、さすがにストレスが溜まり、疲労困憊《こんぱい》します。

だからこそ、家族は患者さんや医師と本音で話す必要があります。自分たちがどこまで可能で、どこからが不可能なのかをはっきりさせることが大切です。

私たちはどこで死ぬかわかりません。自宅で亡くなる方もいれば、路上で亡くなる方もいるし、海や山や川で亡くなる方もいるし、大半の方は病院やその関連施設で亡くなります。どこで亡くなるにせよ、私たちは人間です。どこで死んだのかというその状況に違いはありません。だからどこで死のうと、自分は自分なのだという気持ちをいつも持っていてください。

同時に看取るという視点も大切です。

自宅だろうと病院だろうと、この世に別れを告げる時に誰かが一緒にいてくれれば言うことはありません。最期を共有できるよう身内の方々もきっと心されていることでしょう。病院でも家族などのいない人や事情があって家族が看取りに立ち会えない場面では医療スタッフが看取らせていただいています。

私の亡き母のような独居や、事故、災害などで、独りで逝《ゆ》く人も向こうで待ってくれている人々がいるので心配要りません。みんな「おかげさま」です。

どこで逝こうと魂にとっては同じです。

死に（逝く）場所に違いはありません。残った方の務めは、亡くなった方が遺《のこ》した歴史を振り返ること、自分とその方が共有した時間を思い出すこと。
旅立つ方の晴れ晴れとした気持ちを、静かに実感してあげてください。

どこで逝こうと、自分は自分なのだという気持ちを忘れない。

去り逝くかたちに違いはない。

第2章

答えは出すものでなく出るもの

◆急ぐことはない、焦ることもない

私たちは、すぐに答えを出さなければいけないと思いがちです。でも答えは、出すものではなく「出るもの」だと私は感じています。

医療現場では早めの検査・検診や治療でことなきを得ることもたくさんありますが、いつもそれで乗り切れるとは限りません。治療にはいつか必ず限界が訪れます。その時に答えは自《おの》ずと出ます。自分が無理に出そうとしても出ませんが、適切な時がやって来ると答えは出るものです。

あるいはどこをどう考えても自分に非がないと思っていても、状況が圧倒的に不利な場合、そこで出された答えに対して異を唱えないことがあります。正直に言えば複雑な感情があると思いますが、自分が無理にそこで答えを出そうとしなくても、時が経《た》てば答えが出ることを知っているからです。

また、どう判断していいのかさっぱり見当がつかない状況で結論を先送りにしてしまうこともあります。第三者的には優柔不断で情けないと思うかもしれませんが、それもまた人生の選択です。

私は「時が解決する」という言葉に神意を感じます。

時間という存在は、私たちを縛る嫌な存在である反面、物事を解決する、トラブルを解消するための貴重な存在です。

対処の仕方に迷った末に放っておいたら、そのうち誤解が解けたということもあります。心配事があったけれど、別のことに追われて忙しくしていたら、気がつくと心配ではなくなっていたということもあるでしょう。

待つことがいかに貴重か、私たちはそれをつい忘れがちです。

誰かと待ち合わせをした際、相手が一分でも遅れると烈火のごとく怒る人がいる一方、随分と遅刻して恐縮した相手を「久しぶりだね」と笑顔で迎えることのできる人もいます。

彼らの違いは、待つことの楽しさに気づいているかどうかという点です。中には「待たされることが楽しい」と本気で言う人もいますが、ここまでくると人生を達観したレベルだと感心します。

考えてもみてください。

その相手と、次にまた会える保証は一〇〇パーセントではありません。人生には何が起きるかわかりません。朝見送ったばかりの家族が数分後に事故に遭い、数時間後に病院のＩＣＵ（集中治療室）で死亡が確認されることも不思議ではありません。一緒に暮らしている家族でさえそうなのですから、取引先や友人と次に確実に会える可能性はもっと下がります。

そう考えると遅刻なんてかわいいもの。人生は一期一会なのです。

今は何でもスピード重視の時代です。それが全部悪いわけではありませんが、早く答えを出さなくてはいけないと、誰もが見えない感情に支配されているように思えます。答えを早く出さないと時代についていけない、取り残されてしまうという恐怖心です。

そもそも、そんな恐怖心を持つ必要はどこにもありません。時代のスピード感は、どこかの誰かが自己利益のために勝手に作り出しているものです。

だからこそ「急《せ》いてはことを仕損じる」という言葉を、私たちは再度、噛《か》みしめる必要があります。

待つことは同時に、お任せすることでもあります。

運を天に任せる、相手に任せる、人智を超える存在に任せる、任せるという態度には「私は信頼しています」という潔《いさぎよ》さがあります。真摯《しんし》な態度の前では、どのような邪心も恐怖心も霞《かすみ》のように消え失せます。

急くことはない、焦《あせ》ることもない。答えは出すものではなく出るものです。

急いてはことを仕損じる。
待ってみる。
任せてみる。

時代のスピード感はどこかの誰かが
勝手に作り出しているものだから、
それに巻き込まれてイライラせずに、
待つことを大切にしよう。

しかたがないことはしかたがない

ひょんなことで、人は意外な一面が出ます。

多くの人が経験していると思いますが、飛行機のフライトが延期になってしまった、あるいは電車が運転見合わせになってしまった時を思い出してください。気象条件によるものならまだしも、エンジン系統の何らかのトラブルや人身事故によるトラブルなど、解決までの時間が見えにくい場合、空港のカウンターや駅の改札口には人が大勢詰めかけて係員に問い質《ただ》します。

普段は冷静に行動しているようなビジネスマン、常識を重んじるような中高年女性が、「なぜ電車は動かないのか」とか「いつまで待たせるんだ。さっさとやれ」と怒号をあげる光景に出会うと、急ぐ気持ちはわかるけれど、なぜそこまで怒鳴り散らさなければならないのか、ヒステリーを起こさなければならないのかと残念に思います。怒鳴っても動かないものは動きません。

こうした事態に直面した時は「しかたがない」と考えるほかありません。

しかたがないというのは、理不尽な状況を粛々《しゅくしゅく》と受け入れる心です。この感覚は欧米人には理解が難しいでしょう。彼らは合理主義的に動くことを好み、日本人の言う覚悟の真意が理解できません。

しかたがないという言葉は、あきらめの境地で使うのではありません。

自分の力（自力）ではどうしようもない状況に際して、それもまた人生と、まずはその状況を受け入れることで大きな学びを得ることができます。人智を超えた存在によることだと、ちっぽけな人間にはどうにもしようがないという心構えが必要なのです。

何で自分が、どうしてこんな時に、理由がわからない、理不尽な状況に直面した瞬間、私たちの気持ちはへこみ、やる気は失せ、気分はどん底へと落ち込むでしょう。それでも覚悟を決めないといけません。

フライトが延期になってしまったのなら、まずは現地に到着してから向かうべきだった所に連絡を入れれば、とりあえず状況の共有という意味では決着がつく話です。電車もしかりです。急ぎの事情には個人差がありますが、何か別の移動手段があるならまだしも、何もない場合はしかたがないと心を落ち着けるしかありません。

人は困った時に本性が出ます。

救急の現場では誰よりも自分の家族の治療を先にして欲しいと要求し、臨終の席では「なぜ助けてくれなかった」と家族が医師を責め立てます。普段はおとなしい、特に毒を吐くわけでもない普通の方が、まるで人が変わったようになった現場をたくさん経験しました。

それでも、しかたがないことはしかたがないのです。

二〇一三年九月中旬、たった一人の弟が他界しました。五六歳でした。

その前月の八月初旬、ふと一年以上ぶりに弟から連絡がありました。しかも「兄貴、がんらしい」と言うのです。よく聞くとどうも末期のようです。

私は急いで東大病院に来させて検査をしました。その結果、やはりどうにも手の施しようがない状態でした。なんともまあ随分、我慢したものです。

がん末期の治療ポイントは緩和です。肝臓がパンパンに腫《は》れて強い痛みのあった弟は、最期まで大変だったと思います。私への連絡から一カ月と少し後、静かに他界しました。長患《ながわずら》いしなかったことが、せめてもの幸いだったかもしれません。

教師だった弟は一〇代から陸上（長距離）を続け、親の葬儀の時にも「ちょっと走ってくる」と走りに行くようなスポーツマンでした。幼い頃に風邪で行って以来、一度も病院に行ったことがないような健康優良児だった弟でも、最期は老衰でというゴールを手に入れることが叶いませんでした。母と似たところがあり、決めたことをずっと続ける実直な人間でした。自分の死が近いと直感した時、彼自身もしかたがないと腹を決めたのかもしれません。

人生は選択次第だから、弟も別の選択をしていたら病勢は変わったかもしれません。しかし「たら・れば」という発想は、やはり現実的には通りません。どういう選択をしたにせよ、その選択に迷いを持たないことが大事です。仕事をして、スポーツもやり、パートナーもいて、その結果としてこうなった、それならしかたがないというのが日本人らしい覚悟だと思うのです。

京都の本能寺で、側近の明智光秀の軍勢に囲まれた織田信長は「是非に及ばず」と言い遺したそうです。この言葉はしかたがないと同義です。

人生の岐路に立たされた時、是も非も及ばない状況に自分が直面した時、しかたがないという言葉が発動されるか否か。

私たちが覚悟を持って生きているかどうかが、試される瞬間です。

決断に迷いは持たない。
理不尽な状況でも、
覚悟を決めなければ
前には進めない。

「たら・れば」的な発想は現実には通らない。
どうしようもないことを
受け入れる姿勢が大事。

◆寿命ではなく、「余命」を頭に置く

一九五六年生まれの私と同世代を見回すと、定年を前に考えるところがあるとか、自営業でうまくいかなかったりして焦っているとか、子どもが社会人になり夫と二人で次の人生を模索するとか、人生の分岐点にさしかかっている人が大勢います。

その方たちに、あえて言わせていただくなら「逃げないでください」とお伝えします。

還暦（六〇歳）目前というのは、人生の終幕を考える時期です。

もはやあくせくせず、落ち着いてこれまでを振り返り、残りの人生をプランニングする年齢です。この世代は心と対話する時間を最も必要とする世代であり、そろそろ様々なことから逃げられない時期になったということです。若いうちは苦しいことや悲しいこと、嫌なことからうまく逃げてきた人も、この年齢になるとうまく逃げることができません。「どう死ぬのか」という最終課題がやって来るからです。こればかりは誰も逃げることができません。いつまでも若々しく健康でというスタイルは、もちろん結構だと思いますが、同時に自分の終幕を考えることが必要です。

古来、死に方には生き方が出ると言われます。

これは、どこで死ぬかという問題ではありません。どこまでの医療を求めるのか、どの時点でそれをあきらめるのか、家族とのかかわりはどうするのか、などよい最期を迎えるためには心構えが必要だということです。死にまつわることですから、決して気分のいい話ではありませんが、だからといって、そこから目をそらしていては、結局は後悔することになるのではないでしょうか。

私が問題だと思っているのは、日本人の多くが平均寿命という言葉に縛られて生活していることです。この数字こそ、誰もがそこまで生きられると錯《さっ》覚《かく》する原因です。特に日本人の平均寿命は世界的にもトップレベルだと毎年ニュースで喧伝《けんでん》されるたびに、自分もそこまで生きて当然、生きられないとまるで不良品のごとく思ってしまうのは問題です。

人生の良し悪《あ》しは、その人が生きた年数で判断されるものではありません。

その年月でどんな経験をしたのか、誰と出会ってどんな会話をしたのか、人生とは時間ではなく、そうした学びの質そのものだからです。だから長いとか短いとか、そんなレベルの低い議論をすべきではないと思います。経験に上下はありません。学びはそれぞれの経験に存在するからです。

ちなみに寿命というのはゼロ歳を起点として発想された言葉であり、中高年層は「余命」（あと何年生きられるかという期待値）を頭に置くほうがいいと感じます。

今日と同じ明日が来るかどうかは誰にもわかりません。だから常に一期一会の心で、毎日を全力で楽しむことが、人生で一番大切なのです。

しかしながら、この世代が気をつけなければならないことがあります。

それが「欲との戦い」です。

本来は欲を手放す時期に来ているわけですが、逆に欲にからめとられてしまう人がたくさんいます。お金もそこそこあり、仕事もそこそこ楽になる、割と自由のきく世代だからこそ、様々な欲に走ってしまうのでしょう。気持ちはわかりますが、やはりこれはいただけません。よこしまな欲望で大きな代償を払い、晩節を汚すことのないよう、落ち着いて行動したいものです。

人生は、生きた年数で判断されるべきものではない。死から逃げない、目をそらさない。

今日と同じ明日が来るかどうかは
わからないのだから、
平均寿命まで生きることだけを
目標にしない。

◆忙しい時こそ、周りを見わたす

三〇代・四〇代の方たちを見ていると、背負っている荷物の重さを思えば、ある意味、一番苦しい世代だと思います。特に四〇代は住宅ローンや教育費の面で大変な時期を迎えます。

彼らには心より「お疲れさま」と言うよりほかありません。

私の周囲にもこの世代の方々が大勢いますが、仕事も家庭も友人関係も、本当にすべてが忙しい時期であり、忙しいということはそれだけ心身に負担がかかっているということでもあります。

だからこそ、心身が壊れやすい世代でもあります。インスリンやメラトニンといったホルモンのバランスが崩れがちなのも、この世代の特徴です。最も健康に気を配らないといけない世代なのに、時間に追われて多忙な中でストレスを溜め、気がつくと心身に支障が出始めます。体力面ではまだ無理をして頑張れる、踏ん張れる世代ですから、つい睡眠時間を削って仕事や酒席に力を入れてしまいがちですが、これをやればやるほど体内時計が狂い、免疫力や細胞再生機能がダウンします。

メンタルな部分でも、若い頃と違った状況に対峙《たいじ》することになります。上の世代からはゴチャゴチャと言われ、下の世代からは冷ややかな目で見られ、世代を同じくする者同士の会話ではため息が絶えません。

本当にきつい状況に直面しているこの世代には、正直頭が下がります。

彼らが頑張っているからこそ、日本の企業や経済は回っているのです。上の世代が自分たちだけで勝手に回しているわけではないという事実を、私たちはもっと自覚すべきでしょう。

日本の今の担《にな》い手は、間違いなくこの世代です。

そして担い手だからこそ、仕事や子育てで本当に忙しいとは思いますが、もっと社会に目を向けて欲しいのです。仕事が忙しくて政治の話なんて興味がない、子育てが忙しくて経済がどうなろうと知ったことではない、こういう態度はちょっと残念です。

そもそもどんな仕事も子育ても、政治や経済とつながっています。切り離して考えることはできません。忙しいが口ぐせであるにせよ、それでも私は様々な社会制度や世界の動き、自分が住む町のちょっとした活動に、視線を向けて積極的に参加して欲しいと思うのです。

視線を向けることで、自分が普段、いかに狭いフィールドで発想しているかが確認できると同時に、コミュニケーションが増えると悩みを共有する相手ができます。するとどこかの時点で、わずらわしかった悩みを解消する突破口が見つかります。

どんなに苦しくとも、皆それぞれに生まれてきた意義があります。大きく言えばそれは進化という学びですが、自分はその意義を持つ担い手なのだということを忘れないでください。

最も忙しい世代だからこそ、「見えないけれどおかげさま」という感性がすぐに理解できる世代でもあります。隣の芝が何かと気になるかもしれませんが、自分が今いる場所でしっかり生きること、最善を尽くすこと、自利・

利他を実践すること。それだけで意識が変わります。

意識が変わると、働き方、過ごし方、対話の仕方が変わります。

中堅を担っているこの世代の意識が変わると、日本という国家全体の意識が変わります。私はそれを信じています。

仕事や子育てに
忙しい時こそ
政治や経済に
目を向ける。

30代と40代の頑張りに
日本は支えられている。
だからこそ社会の動きに関心を向けよう。
中堅の意識が変わると、国家の意識が変わる。

半径五メートル外の人の間で揉まれる

今、二〇代の人たちには「心配しなくていい」とお伝えします。

何ごとにおいても、彼ら自身が怖がるとか不安がる必要がないからです。上の世代にはなかなか理解されませんが、彼らには生まれ持った霊性の高さがあります。それがあるだけで、そもそも怖がる必要がないのです。

メディアでは、この世代はあまりにも物欲がないとか、いろいろと揶揄《やゆ》されますが、私に言わせるとそれが当たり前です。余計な物欲が少ないのはいいことです。心身いずれにおいてもトラブルなく、慎《つつ》ましやかに生きられます。

よく覇気《はき》がない、何を考えているかわからないとも言われますが、完全な個人主義は容認できないとして、どこかの時点で世間に恩返しするというスタンスさえ持っていれば、それだけで立派な社会人です。

ちなみに、何を考えているかわからないという言葉は、年配の世代もかってその上の世代から言われた言葉ですから、気にしなくていいのです。

ただし、あまりにも内向きな考え方や行動は、ちょっと心配です。

半径五メートルくらいにいる親しい人との付き合いばかりを続けると、どうしても発想の幅が狭くなります。人は自分と違う考え方、生き方、価値観を持つ相手とのコミュニケーションの積み重ねで成長する生き物です。時に嫌なこともありますが、それも含めて学びが生まれます。もっと言えば、海外には日本人とは全く感性の違う人々が大勢いますから、彼らと揉《も》み合うことでもたくさんの学びが生まれます。

内向きが続くと、「おかげさま」が感じられなくなります。

世間とのコミュニケーションが不十分ですから、客観的に自分が見えません。自分の内側との対話ができなくなり、お天道さまの見守りを意識できず、本来持っているはずの霊性が落ち込んでしまいます。実にもったいない話です。

受動的な自分に溺《おぼ》れず、勇気を持って能動的に動きましょう。動いた分だけのスペースが、その人にとっての新しい世界であり、その分だけ人生の選択肢が増えます。

余計な物欲がないのは
いいこと。
多くのトラブルを
避けられる。

だからといって内向き過ぎるのは問題。
人はコミュニケーションの積み重ねで
成長する。

◆今の人生は一度きり、今回限り

道徳力が低下していることも影響しているのか、学校や職場でのいじめがより陰湿になっているという話を耳にします。インターネットが普及したことも関係しているでしょう。いじめの構図を簡単に言えば、「誰か一人をターゲットにして焚《た》きつける人間がいて、周囲がそれに乗ってしまう」ということです。原因は多々あると思いますが、大半は皆一人ひとり違うということを認められない不寛容から生まれるものです。

そもそも興味がなければ相手が自分と違うという認識が生まれませんし、

いじめようという気も湧きません。あの人に興味があるけれど、自分だけを見てくれないとか、自分に一番優しくしてくれないとか、自分が嫌いな人と話していたとか、自分が好きな相手の気を引いているとか、幼稚な数々の負の感情が育つことで、不寛容な気持ちが生まれます。

いじめは世界中に存在します。

人が存在するところに、人を認められない不寛容な気持ちが生まれるからです。一対一でぶつかるなら正々堂々としたものですが、いじめが陰湿なことの代名詞となっているのは、ターゲットを攻撃しようとする中心人物が周囲を巧みに籠絡《ろうらく》して味方につけ、集団で一人を攻撃するからです。

日本には昔から「さしでやる」という言葉があります。誰もができるだけ対立は避けたいわけですが、それでもどうにもならない時は、自分と相手の二人で決着をつけようというわけです。

いじめは陰湿になると相手を死に至らしめます。当たり前の話ですが、死んでしまってからでは遅いのです。ゲームの世界では何度でもリプレイできますが、現実はそういきません。今の人生は一度きり、今回限りです。

「そんなつもりじゃなかった」という加害者の言葉がありますが、ではどんなつもりだったのかと思ってしまいます。日本の教育現場できちんとした道徳を教えなくなったから、卑怯《ひきょう》で思いやりのないことが日常起こるようになったと思います。

いじめる側の人間の感性は曇っています。本来、その人物が向かうべき方向へと向かわず、誰も得しない場所へと疾走《しっそう》しているだけです。

いじめる人は複雑な感情のもつれや自分がいる環境の条件から、そうした負の行動に走るわけですが、いじめを行なう本人の中で最も大きいのが「自分は愛されていない」と勝手に思い込んだ感情かもしれません。

自分は誰からも愛されていない、生きるのが怖い、一人で行動するのが怖い、その怖さを払拭《ふっしょく》したくて誰か生《い》け贄《にえ》を作る、この悪循環です。

愛されていないという思い込みがあるから、実は愛されていることを実感できないのです。その結果、自分がされたくないことを相手にしても、相手の痛みを想像することができなくなってしまいます。自分がいじめた相手が他界してしまったとしても、亡くなった相手の痛みばかりか、そのご両親の悲しみや痛みを感じることさえできないのです。

誰もいじめる必要はありません。その人をいじめなくても十分愛されています。「おかげさま」は常にあなたの行動を見守っています。いじめている相手の悲しみが増せば増すほど、あなたの以後の人生における苦しみも増します。今のあなたが順風満帆な人生を送っていたとしても、その苦しみは突然やって来ます。早くそのことに気づいてください。

逆に優しく接することで、あなたの中にある愛情が深まります。

もっと自分を大事にしてください。自分を愛してください。自分を愛することができれば他人も愛せるし、同時に他人からも愛されます。

その仕組みを知ってください。

自分は愛されていない という勝手な思い込みは、早く捨て去る。

誰にも愛されない人はこの世に存在しない。
いじめた相手の苦しみは、
いじめた人に必ず跳ね返る。

◆「無理」が私たちを苦しめる

私たちには皆、良心があります。

良心は誰にも等しく、生まれながらに備わっているものです。

本来、私たちは良心に従って生きることで充実した人生を送れるのですが、その良心が揺らぐ瞬間があります。ズル、不正、不道徳、汚職、犯罪への加担、詐欺行為などです。

自分には関係ないから大丈夫と安心していても、そうした種はいつの間にかすぐそばにあったりします。世の中はつながっているのです。

良心が発した内側からの声をブロックするのは「我欲」です。

我欲は私たちに囁《ささや》きます。もっとお金が欲しい、周囲の自分への評価が低い、凄《すご》いとか羨《うらや》ましいとか言われたい、もっとモテたい……、私たちの人生の場面ごとに我欲は耳元でそっと囁きます。

本来、私たちは我欲をコントロールすることで人生という学びを経験しているわけですが、我欲のコントロールがきかなくなると、途端に日常が変化します。

不正は隠ぺいできたけれどもビクビクしている、お金は入ってくるけれども家庭が荒《すさ》んでいく、周囲の評価は高まったけれども悪口も増えた、……無理して獲得しようとすればするほど、獲得したものの大きさに比例して欲しくないものがやって来ます。

実はこの「無理する」ということこそ、私たちを苦しめている大きな要因です。

無理という言葉の意味は「道理に反すること」、つまり筋道が通らないということです。無理せず、等身大で生活すればいいだけなのに、周囲の評価や人の目を気にするあまり、自分がやるべきことを全うできず、最後はストレスまみれになって苦しむのです。

あなた自身が思っているほど、周囲はあなたのことを気にしていません。心は常にコロコロ変わるものですが、他人というのはその程度です。それぞれ自分の生活がありますから、あなたのことをいちいち気にしているほど暇ではないのです。

だからこそ、我欲に囁かれたら良心の声に耳を傾けてください。

正しく行動しようとする本来の心の働きに、素直に従ってください。誰の中にも良心があります。我欲に目がくらんでいる時は良心にふたがされていますが、良心は誇りと同様に私たちの中から消え去ることはありません。

自分が思っているほど、周囲は自分のことを気にしていない。

心は毎日、コロコロ変わるもの。
我欲に目がくらむと
ストレスにまみれてしまうだけ。

◆良いも悪いも、つかんだら手放す

世間では何かと「あれは成功、これは失敗」とことごとく位置づけられ、そこには明確に線が引かれます。試験にせよ、買い物にせよ、人事にせよ、恋愛や結婚においてさえ、そのどちらかに入れたがります。

成功と失敗の境目には「利益」という価値観があります。自分にとってどのくらいの利益をもたらしてくれたのか、利益が多いか少ないかと判断しているのが、どのくらい成功したのかという意識です。それは自分が事前に期待したことに対する「取引の結果」であり、個々の取引の中身が成功か失敗と言われます。

誰もがそれなりに忙しく生きていますので、こうした線引きをすることが不自然だとは言いませんが、私は好きではありません。

なぜなら、実は起きたことすべてに「それぞれ意味がある」からです。

一見するとムダに思えたこと、あるいはその時間も、その時の自分にとってなのか、以後の自分にとってなのかは別にして、必ず学びがあります。

よく「離婚は失敗」などと世間では言われます。

離婚者は結婚という制度に照らすとまるで人生の落伍者《らくごしゃ》のように思われがちですが、「うまくいかない相手がいる」という大きな学びを獲得していきます。そもそもこの感情は、結婚してみないとわかりません。

別れたいのにがまんしてパートナーと一緒にいる人に比べると、一人に戻るという大きな「決断」も経験しています。そして自分の「不得手、短所」が浮き彫りになります。自分を客観視する機会はなかなか自分では作れないものですが、離婚はその絶好の機会です。

だからといって離婚をお勧めするつもりはありませんが、今の人生が今回限りという事実を踏まえると、貴重な経験であることは間違いありません。周囲の目が気になるとか、あれこれ余計なことを言われるのはうんざりするかもしれませんが、それも他人が経験し得ない貴重な学びです。

仕事の失敗も同じです。離婚が、自分の利益に適合しなかったゆえの結果なら、仕事の失敗は会社の利益に適合しなかったからということになります。

会社の利益は経営者の下で従業員が働いて数字を作ることで生まれますが、会社の利益で一番大きなものは従業員の成長です。「失敗は成功のもと」と言われるように、従業員はその経験を通じて仕事内容の見直しや自己の適性を学びます。社内外でのコミュニケーションのあり方も学ぶでしょう。ですから失敗だ、ダメな奴だと一方的に決めつけるべきではないのです。

とはいえ、長年生きてきた中で、いきなり「成功も失敗もない、明日からそういう価値観で暮らすように」と言われても、なかなか難しいでしょう。

だから私がご提案したいのは「つかんだら手放す」という習慣です。

良かったこと、つまり成功したと思ったことは本当に嬉《うれ》しいだろうし、いつまでもその世界に浸《ひた》っていたい気持ちはわかりますが、その感情を実感し続けるのではなく、できれば早めに手放すことをお勧めします。

同様に悪かったこと、つまり失敗したと思ったことも、ひと通り反省が終わったら悔しいとか悲しいといった感情を早めに手放しましょう。

反省すれども後悔せず。この心構えが重要です。

良いも悪いもすぐに手放すことで、自分をクリーンアップ（浄化）できると同時に、偏《かたよ》った感情に浸るくせがつかなくなります。これができると、常にニュートラル（中立）な状態でいられますから、いつどんなことが起きても冷静に対処できるようになります。すると、自分の身の回りで起きたことに対して、あれが成功でこれが失敗などという線引きの感情が、次第に消えます。

誰かに褒《ほ》められたとか誰かに嫌われた、その結果、嬉しかったとか悲しかったという感情が出てきたなら、自分に対する「外部評価」を気にし過ぎているということになります。人の心はコロコロ変わります。それを忘れないでください。

それまで意固地《いこじ》に持っていた「周囲に良く思われたい」という執着がなくなるだけで、実に快適になります。出来事に対する最終評価は、自分で下すものなのです。

周囲の声に惑わされ、いたずらに振り回されることなく、自分に起きたことをありのままに受け止めましょう。そこにある意味を素直に感じてください。

反省すれども
後悔せず。

常にニュートラルな状態でいると、
どんなことが起きても
冷静に対処できるようになる。

第3章

欲しがるのをやめる

課題は解決しないと追いかけてくる

「自分さえ良ければ」という言葉は、活字で見るとかなり嫌な言葉です。

しかしその言葉が脳裏をかすめることが、人生では何度か訪れます。「今ここで黙っていれば自分は助かる」「自分だけが得する」「彼らは災難に遭うけれど、私は難を逃れることができる」。誰の人生にも、大なり小なり、それと似たような気持ちが芽生える瞬間があるものです。

救急の現場では順番を巡って小競《こぜ》り合いが起きることがあります。「先生、うちのほうが先に来ている」という類《たぐ》いの話をよく耳にします。医療側はケガや病気の緊急度や重症度で診察の順番を判断するわけですが、それがわからず、来た順だろうと主張するわけです。気持ちは理解しますが、運ばれてきた人は皆、そう主張する人の家族と同じ患者さんです。自《じ》他《た》同然《どうぜん》、または自他同源という言葉がありますが、まさにその境地で見ると、誰よりも自分を優先すべきだと主張できる人はこの世にいないと思うのです。

何も救急の現場に限りません。職場でも家庭でも友人とのコミュニティでも往々にして起きます。自分さえ、自分だけはと考えてその通りに行動すると、その場はうまく逃げることができるかもしれませんが、最後に逃げることばかりを考えていると、その姿勢がやがて周囲にわかってしまいます。

人生の課題は、しかるべき時に解決できなければ本人を追いかけます。その時にうまく逃げたとしても、何か別の場面で形を変えながら、また同じ課題を突きつけてくるのです。不思議なくらい、これは誰の身にも起きます。

自利と利他はセットです。

自分だけがいい目を見ようとしても、巡り巡ってそのツケを払わされる時が必ずやって来るのです。

きちんと解決しない限り、人生の課題はいつまでも本人を追い回す。

自分さえ良ければという甘い囁きに乗ると、
後々面倒なことになり、
必ずツケを払うことになる。

◆立場をわきまえると信頼を勝ち取れる

立ち位置を知る。

これは自分をいかに客観視できるか、ということです。

自分の位置を「俯瞰《ふかん》」するということですね。物事を判断する際に俯瞰できれば、これほど強い武器はありません。

どんなことにおいても、自分を客観視できないと不遜《ふそん》になったり、反対に卑屈になったりしがちです。

立ち位置とは立場であり、きちんと立場をわきまえてこそ、相手と自分との関係が成立します。自分の立ち位置を知らない、つまり立場をわきまえない人は、気づかないうちに周囲の失笑を買っています。立ち位置を知ると近い言葉には「分《ぶん》を知る」(分をわきまえる)があります。

立ち位置を知らずにふるまうと、まず訪れるのが信頼関係の失墜《しっつい》です。失った信頼を取り戻すことは、コミュニケーションにおいて最も困難な作業です。

私自身は、社会を良くしようと考えていた時に、実効性をあげるには政治に携わるのが効果的だと考えましたが、どう考えても自分は人付き合い・意思疎通が得意でないので、政治家には向かないとわかって、それでは文章などで考えを伝えようと思いました。

人は一度相手に対して信頼を落とすと、落とした場所がその相手の居場所であると自動的に定めます。その落ちた場所から元の位置にまで戻るのは、一筋縄《ひとすじなわ》ではいきません。

実は教育の問題も立ち位置に関係します。

戦後の日本は詰め込み式教育によって「考えない」人をたくさん作り出してしまいました。言われたことを言われた通りにやる人間が優秀な人間であると、幼い頃から学校教育の場でしつけられるのです。

自分の頭で考えない、疑わない、応用しない、指示待ち、そんな性質を持つ人たちですから、自分が立っている位置がわかりません。そしてわからないから、必ず周囲と軋轢《あつれき》を起こします。

そうならないためには、常日頃から自分と自分を取り巻く環境を「俯瞰」するくせをつけることが大切です。

俯瞰というのは上から全体を見ること。山登りをイメージしてください。山頂からは普段、私たちが暮らす町の様子が手に取るようにわかります。私たちは空を飛ぶ生き物ではありませんから、普段は目の前だけを見る生活です。山頂に上がると自分の視点が立体的になることが実感できます。

自分が置かれた位置を知る、ポジションを把握する。

立場をわきまえることのできる人間は、年齢にかかわらず周囲の信頼を勝ち取ることができます。

自分の置かれた場所を知る。判断する時に「客観視」ほど強い武器はない。

一度落とした信頼を元に戻すことほど、
困難な作業はない。
そうならないためには、
自分の立ち位置を知ることが大事。

◆年相応に欲の始末をする

誰にでも物欲があります。

たいていの物が手に入り、充実した人生を送っている人でも、さらに何かが欲しくなるもので、そんな欲望の度合いをある日を境に一気にゼロにすることは、余程《よほど》のことがない限り難しいでしょう。

物質には必ず二面性があります。

それは私たちを楽しませてくれるものであると同時に、私たちを苦しめるものでもあるのです。若く健康なうちは物欲を楽しむのもいいと思いますが、病気をするとか、そろそろ先が短いぞといった状況となったら、ゆっくりと「欲の整理」をする必要があります。俗に言う身辺整理ですね。

毎日のニュースでは欲に駆られて人生を見失った人の話題に事欠きません。彼らに共通した特徴は、年相応に欲の整理ができなかったことです。中高年、あるいは高齢者になっても、「もっと欲しい」「もっと手に入れたい」と我欲を丸出しにしていたわけです。

そうならないように、欲を整理するにはエンディング・ノートのようなものを利用してもよいでしょう。現在はいろいろな種類のノートが市販されています。もっと簡単な方法は、メモ書きの形式でいいので、「要るもの」「要らないもの」を大まかにグループ分けをして、書き出してみると、自分の欲望を整理することができます。このノートは誰かに見せるわけではないので、何を書いてもいいと思います。

たったこれだけで土壇場《どたんば》で困らないようになるし、もっと言えばリビング・ウィルとしてその細部まで書いておくと、最終的な治療方針について家族が判断に苦しむことがありません。他界後の儀式など、葬送方法などについてもしかりです。

なお、実例として私のリビング・ウィルをあげておきます。

矢作直樹の生前意思確認

●借金はありません。

●急性期・慢性期を問わず終末期での積極的医療を受けることを希望しません。

●蘇生の必要な状況では蘇生を望みません（DNR）。

●異状死でなければ肉体は献体登録してある○○大学解剖学教室（連絡先：○○）に受け入れて戴き、遺骨の返還時の合同葬のあと同大学の納骨堂（○○霊園内に在所）に納めて戴くことを希望します。異状死であれば、その旨を上記○○大学解剖学教室に連絡し、火葬後可能であれば遺骨を受け入れて戴き、大学の納骨堂に納めて戴くことを希望します。無理であれば特段の希望はありません。無宗教なので葬式、墓や戒名などは不要です。

●遺産について（省略）

平成26年○月○日

矢作直樹

自署

こういう話をすると、高齢者ほど嫌な顔をします。しかし、欲の整理は生前整理です。物事の締めくくりをすることを「始末をする」と言いますが、欲の整理はまさに自分の人生をきちんと始末することにほかなりません。始末をするのに早いも遅いもありません。

どんなに欲しいと願っても、それを手に入れたところであの世には持って行けません。そのことを理解してください。私たちがあの世に持って行けるもの、それは、様々な経験を通して得た記憶だけです。

物欲をどこで手放すか。そこに、その人の生き様が明確に表れます。

私たちがあの世に
持って行けるのは、
様々な経験から得た
記憶だけ。

物欲に振り回されてはいけない。
様々な物は私たちを楽しませてくれる反面、
私たちを苦しめることもあるのだと
知ることが重要。

◆体が衰えても楽しいことは見つかる

もっと若く見られたいというのは、女性に限らず男性にもある欲望です。男性用の化粧品、あるいは健康食品が大きなマーケットになっている事実からも、それがはっきりとわかります。

こうしたいわゆる「若返り」とか「若くなる」といった触れ込みで、様々な商品やサービスが世の中に氾濫《はんらん》していますが、自分の本当の姿は、自分で見ることはできません。人は鏡を通してしか自分を見ることができませんし、人間はとかく周囲の自分に対する評価に神経を尖《とが》らせます。その結果として

「若返りたい」という行動につながるのです。

アンチエイジングも、体を大事にするという意味での取り組みはわかりますが、そもそも体を大事にすることにお金はそれほどかかりません。質素だけれどバランスの取れた食事、適度な運動、穏やかな心持ち、たったこれだけの要素を大切にするだけで、つまり、その生活シーンごとの「質」をしっかり保つことで、誰しも本来持つ輝きを失いません。究極は何も気にしないことです。

不老不死というのも、いつまでも若くありたい、人に比べてきれいでいたい、老いたくない、死にたくない、といった欲望が滲《にじ》み出た言葉です。

若さへの執着は限界を知りません。しかし、誰もが必ず、老い、他界します。

いきなりすべての執着を捨てることは無理ですが、年齢を重ねるごとに逆にエイジング（加齢）を楽しむ余裕を持つことは、そう難しいことではないはずです。

ちなみに、私は元々普通の睡眠時間をとっていましたが、医師になって最初の二年間に二〇〇回の完全徹夜を含む平均睡眠時間二時間余りという無理な生活をしました。

そうしたら体力の著しい減退をきたして、最大筋力が半分強、トップスピードを維持できる時間は二〇分の一まで落ちました。それでも、今もそのがた落ちした体力なりに自転車乗りを楽しんでいます（平成二〇年四月、東大病院～JR名古屋駅までの三九二キロを一七時間。同年五月、東大病院～JR大阪駅までの五七七キロを二八時間余）。

周囲の評価を気にせず、自分らしく生きている人は輝いて見えます。肩の荷が下りて、人生が少し楽になるのではないでしょうか。

エイジング（加齢）を楽しむ余裕を持つ。

人間は時間を経ると老いていくのが当たり前。
余計な見栄を張らず、周囲の評価を気にせず
生きている人は輝いて見える。

◆つながりを切らずに、しがらみを断つ

私たちの内側には、孤独感や分離感という感情が存在します。

自分は一人ぼっち、誰にも理解されない、周囲とうまくやれない、そうした感情の行き着く先は、自分なんて死んだほうがいいのだという「負の領域」です。

こうした感情の大本《おおもと》は「自縛《じばく》」という領域です。

自らを縛るものという意味ですが、それはよく自分を縛っている外的な何かと誤解されます。そうではなく、自分を縛っているのは自分自身です。そ

れ以外にありません。

孤独感や分離感は、物理的に一人でいるから湧き起こるわけではありません。周囲、他人との感情面での「つながり」を感じられないから生まれるわけですが、そもそも自分と他人とのつながりは切ろうとしても切れません。人は皆、魂のつながりを生まれながらに持っているからです。

誰かと助け合えない、ご縁を感じないというのは、いつもつながっているはずの感覚が鈍《にぶ》くなっているだけなのです。

あの人のためにやってあげているのに、会社のために頑張っているのに、世の中のためにやってあげたのに、もしそうした感情が芽生えているとすれば、それはつながりを見失った不遜な状態です。

例えば、私どもの職場で言うと、これまでに病院の基本機能としての救急医療の発展のために様々な部局と折衝してきましたが、「自分たちが少しは病院に貢献した」と錯覚して強く出たら、病院にとって良かれと思って提出した私どもの要求が通らなかった時に孤独感や分離感を抱《いだ》くと思います。やはり、その時に相手の心情を忖度《そんたく》して、現実的な提案にとどめる心遣いが要るところです。そうすれば、日にち薬ではありませんが、また出直した時に今度は話が前に進むものです。

人生はギブ・アンド・テイクではありません。ギブ・アンド・ギブです。見返りを期待せずに惜しむことなく与えると、いつしか全く別のところから自分のもとへギフトが届きます。ギフトを期待して与えるわけではありません。与えたら忘れてしまえばいいのです。

これがつながっているということであり、その循環に身を置くと本当の快適さを得ることができます。やってあげているのにという感情は、この際、どんどん手放しましょう。そうではなく「自分がしたいからそうしている」と勝手に考えるといいと思います。

いきなり孤独感や分離感を全部、手放すことは難しいかもしれません。

だからあえて提案したいのは、何か一つで結構ですから、今のあなたが持つ「しがらみ」を手放してみてください。

朝食（夕食）は家族全員でとるべき、学校や会社は絶対に休んではいけない、年収はこれくらいないといけない、家を持つべき、結婚しないといけない、子どもを産むべき、家事は女性がやるべき、デート代は男性が払って当たり前……、もっと個別に見るとたくさんあると思いますが、何か一つだけで結構ですので、あなたが持つしがらみ、つまり譲れないと思っている考えを手放してください。

しがらみが強いと、知らず知らずのうちに周囲とのつながり感が薄れます。皆、違う価値観で生きているという基本的なことを忘れてしまうからです。その結果、他人との軋轢が生じ、自分で自分を縛り、孤独感や分離感が生じます。

だから「実はどうでもいいこと」と考えて、あなた自身を思い切って解放しましょう。よく考えてください。人生で起きる大半のことは些末《さまつ》なことです。こうでなければいけないという生き方マニュアルはありません。

どうしてそこにこだわる必要があるのでしょうか。もっと思いのままに行動してください。そもそも皆、自由です。どこで生まれたのかよくわからない考え方にこだわって、自分を縛ることはありません。

人生は
ギブ・アンド・ギブ。
惜しみなく与え続けると、
全く別のところから
ギフトが届く。

しがらみを捨てて自分を解放すると、
孤独感が薄れて他者とのつながりが太くなり、
人生そのものが豊かになる。

第4章

評価は誰かの思い込みにすぎない

「あなたはがんです」と伝えるのは思いやりか

私たちが生きているこの現実の世界は単純に割り切れるものではなく、意外と複雑です。

例えば、「あなたはがんです」と告げることを思いやりだと考えるか、それともがんであることを伏せて「大丈夫ですよ」とうそをつくのが思いやりと考えるのか。誰にとってもがん告知という場は複雑な状況であると同時に、私たち医師も「思いやりと正直」の使い分けに気を遣います。

私自身は告知することで、その方の人生の残り時間を有意義に過ごして欲しいと思っていますが、告げられた本人や家族の動揺にも配慮が要ります。知りたくなかった、そんなことを知らないまま死にたいと願う人も、世の中にはたくさんいるでしょう。実際、全国の医療現場では、毎日のように医師と患者さんとのすれ違いが起きています。

その矛盾をどう解消するか、お互いの理解がどうしたら深まるかを、医療スタッフ側も日々考える必要があると同時に、患者さんや家族の側も医療について普段から興味を持って情報を入手していただくことが大切です。

思いやりという言葉一つとっても、こんなふうになかなか割り切れず、感情は複雑に揺れ動きます。

それ以外にも、例えば、手助け、アドバイス、叱《しか》ること、褒めること、外すことなど、自分が良いと思ってとった行動が、実は相手にとって迷惑になることもあるでしょう。また、こちらが気づかないところで、相手にショックを与えている場合もあるでしょう。

会話をする際にも同様のことが起こり得ます。コミュニケーションをとるためには相手とレベル（視点）を合わせる必要がありますが、ついそれを忘れて自分の視点で話してしまうと、相手には何も伝わりません。わからない話を聞かされた相手は、ただもやもやするばかりです。それだけならまだしも、そんなことに費やしてしまったムダな時間が気になり、強い怒りを覚える人もいるでしょう。

すべてはケース・バイ・ケースであり、コミュニケーションする相手との需要と供給のバランスの上に成立します。言葉はよく選んで使うべきもの。

私たちはともすれば、このことをつい忘れがちです。

対話の中には、自分と相手にとっての大きな「学び」があります。複雑な日常で起きるトラブルからさえも、私たちは学ぶことができるのです。

対話の中にこそ学びがある。大事なのは相手と視点を合わせること。

自分が気づかないうちに、
相手を不快にさせることもある。
会話をする時は、相手がどう思うのか、
幸せになれるのかを考えることが大切。

◆蒔いた種は自分で刈り取る

悪いことが続くと、誰しも「どうして自分ばっかり」と落ち込みます。

その気持ちは痛いほどわかります。私の人生はたかだか五八年ですが、振り返ると山あり谷ありでしたから、「人生って何なんだ」ということもありました。

うまくいかない場合、その原因を外に求める人が多いと思います。しかし、外にも原因があるにせよ、自分自身が主たる原因であることも多いものです。

それを因果《いんが》という言葉で表現する向きもあります。

因果とは、原因と結果、その両者の関係を表す言葉で、物事には何らかの原因が必ずあり、その原因に基づいてしかるべき結果が出るという意味です。良いことならともかく、悪いことに直面すると人は気持ちがへこみ、やる気が失せます。自分を責め続けてストレスが溜まり、それがもとで病気になる人もいるでしょう。もし悪いことが起きたら、それを学びのチャンスと考え、悪い事象をいつまでも〝悪い〟と意識しないようにしたいものです。どうしてもそれが難しければ、なるべく早く忘れることです。

誰にも楽しいことばかりでなく、気の向かないこともあるでしょう。例えば、〝苦手な人〟と会うことでも、きっと何かの必然があって〝会う〟ので、それも学びと思いたいものです。そう思うと、いつの間にかその苦手という意識がなくなっているのではないでしょうか。

またとても厳しい状況にあって、〃今〃をとても受け入れられないような時もあるでしょう。そんな場合には、少し先に楽しいこと、今よりは良くなった先を思い描けばいいと思います。そのうちに〃今〃の中にも心和《なご》むものが見えてくるのではないでしょうか。言うは易《やす》く行なうは難《かた》し、なのは十分承知しているつもりです。

私は小学校三年生の時に、道路を横断中に車にはねられて頭を強く打ち入院しました。そして、病院のベッドの上で意識が戻ったら回転性のめまいが何日も続き、気持ち悪くてしかたがない状態でした。そんな時に目を閉じて、「もう少しがまんして元気になったら友達と元気に遊べる」と、春、桜が満開の校庭で友人と楽しく遊んでいる光景を必死に思い描いて耐えました。目が開けられるようになってからは、病室の天井のシミを見ることに集中して時を過ごしました。

どう意識を持つかは自分次第です。良いと意識するか、そうでないかは周囲がとやかく言ってもしかたありません。自分の心持ちです。

また、明らかに自分に非があるのなら相手にすぐに詫《わ》びることはもちろん、お天道さまにもきちんと詫びましょう。やったことは帳消しにはならなくても、そのことを挽回《ばんかい》するための猶予《ゆうよ》は皆に等しく与えられているからです。

お天道さまの持つ帳簿は、良いも悪いも等しく扱ってくれます。自分で蒔《ま》いた種は自分で刈り取ること。刈り取ることこそ、課題をクリアすることになるのです。

悪いことが起きたら、
学びのチャンスと考える。
いつまでも自分を責めず、
良いことに目を向ける。

原因の結果として起きることを
ありのままに認めること。
どこに視点を定めるかは自分次第。

いつもお天道さまが見ている

私は「お天道さま」という言葉が大好きです。どこか妙に懐かしい響きがあり、どんな時でも私たちを見守ってくれる存在感が滲み出ているからです。お天道さまという言葉を知らない若い世代も多いかもしれませんが、この言葉には深い意味があります。

天道《てんどう》とは仏教における「六道《ろくどう》」の一つです。

そもそも六道は人間が輪廻《りんね》によって生死を繰り返すと言われる六つの世界であり、それは地獄《じごく》道、餓鬼《がき》道、畜生《ちくしょう》道、修羅《しゅら》道、人間道、天道です。

天道は太陽そのものを指すと同時に、天の神（万物支配の神）を指します。科学では天体が運行する道と解釈されます。

昔は悪いことをすると「お天道さまが見ているからね」「罰《ばち》当たり」と叱られるのが普通でした。

多分ばれないだろうと思ったところで、人間のやることを天はお見通しなのだというわけです。事実、誰も見ていないと思っていても、お天道さまだけでなく誰かが見ていたりしますから、悪事はすぐにばれてしまいます。

「良心に従って行動せよ」という言葉にも、近いニュアンスがあります。「良心に恥じない生き方」とは、お天道さまに恥じない生き方ということであり、「誰も見ていなくてもズルや不正はするな、いつでもあなたを見ている存在があるよ」という意味です。

そしてお天道さま＝良心という構図でわかるように、お天道さまはどこか遠くの空高くにいるのではなく、私たちのすぐそば、つまり私たちの胸の内にいつもいる、そう表現しているのだと思います。

あなたの胸の内にも、お天道さまはいる。誰も見ていなくても、恥じない生き方をする。

お天道さまはすべてをお見通しなのだから、
誰も見ていないからといって、
ズルや不正をしない。
お天道さまは、私たちのすぐそばにいる。

◆ 誇りはすべての人が生まれた時から持っている

誇りを持てない人が多いという話を聞くたびに、私は残念に思います。

なぜなら、誇りというのは持つとか持たないという類いのものではないからです。誇りとは自尊心と意味づけられます。自尊心はこの世に生かされている感謝の気持ちの裏返しですから、そもそも私たち全員が持っているものです。

自分がこの世に存在することを両親に感謝し、周囲に感謝し、お天道さまに感謝する、その気持ちの裏返しとして持つもの、それが自尊心である誇りです。誇りは、相対評価の結果として存在するものではありません。

誇りは「驕《おご》り」という言葉に置き換えられてしまうことがあります。

もちろん両者は異なるものですが、例えば私が所属する医学界においても、何かとんでもないことをしたり、不遜な態度をとって顰蹙《ひんしゅく》を買ったりする人が登場すると、医師の誇りと驕りが同時にクローズアップされます。

一見、全く違う両者には近い色合いがあるということです。

生かされているのだという感謝の気持ちが薄れると、人は誇りを驕りに変えてしまい、周囲の信頼を失うことになります。

皆さんが今、立っている場所は、皆さんが自分で選んだ場所です。もし誰かに無理やりそこに立っていろと言われても、誰しも拒否する権利がありますから、最終的には自分自身でどこの場所に立つかを選びます。

そこで生じてくるもの、それが自尊心である誇りです。

私には医師としての誇りがあります。看護師には看護師の、技師には技師の、というように、それぞれに医療現場におけるプロとしての誇りがあります。あるいは、経営者には従業員とともに社会貢献するという誇りがあるだろうし、会社員には自分が携わる仕事が世の中の一助となればという誇りがあるでしょう。アルバイトやパート、契約社員や派遣社員にも、勤務する会社の一助となりたいという誇りがあるでしょう。

誇りは誰かと比べるものではありません。

目には見えませんが、私たちの中に確実に備わっているものです。嫌なことや悪いことがあると、一時的に誇りを失ったような気持ちになり、落ち込みます。でも誇りを失うということはありません。失ったような気になるだけです。

自分は、誰にも置き換えられない存在です。

誰もが、数えきれないほどの奇跡の連続の末にこの世に誕生したからです。あなたが生まれることになった背景を、ちょっと考えてみてください。時代を遡《さかのぼ》って考えると、それがよくわかると思います。

まずその事実を知ってください。そうすれば、誇りを忘れるようなことは二度とないでしょう。

誇りと驕りは
表裏の関係。
誇りは誰かと
比べるものではない。

自分は誰にも置き換えられない存在。
奇跡の連続の末にこの世に生まれたという
事実を知っておくこと。

◆良し悪しは、常にあやふやなもの

良し悪しというのは、常に相対的なものです。

その代表例がメディアです。良し悪しの基準が実にあいまいである事実を見せつけられます。病状の伝え方も十人十色です。正解はありません。コミュニケーションでも、例えば「教える」技術には世界共通のマニュアルはありません。知識と経験が積み重なると「その時代の平均的な意識レベル」が生まれますが、そのレベルをものさしとして、すべての出来事が良いと悪いに区別されます。視点によって善悪は変わるのです。

この平均的な意識レベルを「常識」と呼びます。

常識とは、限られた期間（時間）内における多数の賛成に基づく合意と解釈されますが、多数の賛成の裏側には反対意見があります。数のバランスは時代で変わります。権力者が代わるごとに時代が刷新された事実、それを私たちは「歴史」と呼んでいますが、その歴史ごとに常識は変わります。

常識は万能ではありません。実はとてもあやふやな存在なのです。

だから、他人が嫌がる行為、他人を傷つける行為など、人としての道徳上、明らかにダメなことを除けば、良いとか悪いといった尺度には限界があります。

その限界のある尺度に依存するのではなく、もっと大切な基準、すなわち「つながり」という感覚を意識することが大切です。

私たちは皆つながっています。そもそも自分から先祖へと遡ると、皆どこかで親戚だったりします。三親等くらいまでの近しい人間を身内と呼んだりしていますが、本当はすべての人が自分の身内であると同時に、すべての人が自分の「映《うつ》し鏡」なのです。そしてこの世のことにはすべて、何らかの意味があると同時に、意味がわからないこともたくさんあるのだと思います。

常識は万能ではない。
生きていくために
必要不可欠なのは
「つながり」。

もっと「つながり」を意識して
生きることが大切。
人も事象もすべてつながっている。

◆人生は「運・鈍・根・金・健」

人生は、鈍感《どんかん》なくらいのほうが快適に過ごせます。

私は鈍感なせいで、これまでの人生を好きなように過ごすことができました。

前項で述べたように、良し悪しは相対的なものであり、そこには個人の感情・主観が入り込んでいますから、外部からの評価をそれほど気にする必要はありません。

私自身、見えない世界のことをほかの著書で書いていますが、この件について自分で気にしたことはありません。後悔もありません。誰が何を言っているかが気にならないので、ストレスもありません。

自分のことについて、普通の人が聞くと胃が痛くなるような話を伝え聞いたとしても、そもそもそうした評価一切に興味がないので、胃が痛くなりようがありません。世の中にあるすべての評価は、所詮《しょせん》、誰かの思い込みです。評価とはその程度の存在です。噂話《うわさばなし》やあることないことに振り回されることほど、バカらしいものはないのです。

私が若い頃、恩師にこういう言葉をいただきました。

「運・鈍・根・金・健」

周囲に振り回されずに自己実現するには、運気、鈍感、根気、金銭、健康が大切な要件というわけです。

必要以上にそれらを欲することは無明《むみょう》にほかなりませんが、ある程度、身につけることで他人が気にならなくなります。

亡くなった母の口ぐせも「あなたはあなた、人のことを気にするな」。鈍感なくらいでちょうどいいし、周囲に振り回されるなということを意味します。

今だから言いますが、私は幼い頃から目立つことが嫌いでした。何でも人と同じが良かったし、目立たぬように生きることが普通だと思っていました。しかし母は「あなたがいいと思ったことで、それが人さまに迷惑をかけないのなら、周りを気にせずにやれ」と言いました。言いたいこと、やりたいことを思った通りに実行するようになったのも、その言葉のおかげです。

では、すべてにおいて鈍感だったらいいのかと言えば、そうではなく、私たちに普段見えないもの、人とのご縁、霊性、おかげさま、お互いさまなどのエネルギーに対しては、逆に敏感になることが必要です。

目には見えないからこそ、そういうものが自分の周囲に存在するのだという意識が必要なのです。ここは鈍感になってはいけません。

目には見えないものには敏感に。

世の中のせわしなさには鈍感に。

意識レベルを高めるには、二つのスタイルが重要だと思います。

目には見えないものには敏感に。世の中のせわしなさには鈍感に。

すべての評価は誰かの思い込みにすぎないから、
それを気にしてストレスを溜めることほど
おろかなことはない。

第5章

人は魂でつながっている

◆命のリレーが歴史をつむいでいる

医療に従事すると同時に、私はいつも国について考えてきました。一〇代の頃から「自分はなぜ日本に生まれたのか」と考えるような人間でしたが、今では「慈悲と調和に満ちた日本に生まれて良かった」と心から感謝の気持ちで一杯です。

私たちは時折、「自分が暮らす国とは何か」「民族とは何か」といった大きなテーマを投げかけられることがあります。もちろん、誰もが個別に突きつけられるわけではありませんが、何かのニュースでふと気になって誰かと話したり、ネットで調べたりすることもあるのではないでしょうか。

地球という最も大きなくくりを除くと、私たち人間が今のところ現実的にまとまる最大の単位は国家です。自分、家族、友人、地域・コミュニティ、会社・各種団体、自然環境……簡単に言えば国家はこういう要素の集合体です。国家は郷土と言い換えても問題ありません。

これらを結びつけているのが、様々な制度、法律、秩序、規範・道徳、文化・伝統であり、それらを網羅したものが歴史です。

国家は歴史に裏打ちされた集合体であり、私たちは自分が所属している国家の歴史を「享有《きょうゆう》」するメンバーです。共有と書かなかったのは、歴史は私たちにとって生まれながらに備わる存在だからです。どの国家で生まれて暮らしていたとしても、その事実は変わりません。

日本では長年、愛国心という言葉が歪《ゆが》んで定義され続けました。明治維新以後、遅れてきた帝国主義国として世界の中で懸命に生存をはかってきた日本は、今次大戦というかたちで連合国と戦うこととなり、アジア・太平洋を戦地として甚大な死傷者を出しました。その惨禍《さんか》の甚大さは、大勢の日本人がすでに知っています。

だからといって日本人が愛国心を捨てるべきだとか、歴史を全面否定すべきだとか、自虐的になればいいのだという話は議論の次元が全く異なります。自分の命があるのは数えきれないほどの先人がつないでくれたリレーの結果だという事実に、私たちは気づく必要があるのです。

愛国心とは、自分が暮らす郷土に対して感じる自利・利他の心です。自利・利他とは、自分を生かし、他人を生かすことですから、どちらかが犠牲になる関係はダメです。見えないけれどおかげさまという気持ちを抱き、ともに社会で暮らす仲間へのお互いさまの気持ちがなければなりません。

郷土＝国家は、人と自然という二つの要素から構成されています。このような単純な事実を理解するだけで、愛国心という言葉は本来の意味へと戻ります。

自分が生まれた国家を愛することだけを愛国心と呼ぶのではありません。生まれた国と今暮らしている国が違ったとしても、その人の心が今住んでいる郷土を愛するものなら、それは立派な愛国心です。例えばコロンビア大学名誉教授のドナルド・キーンさん（日本名、キーン ドナルドさん）は、若き頃『源氏物語』に感動し、自然や文化を含めた日本が大好きで帰化されました。このような方はほかにも大勢いらっしゃいます。

以前は、郷土を愛することを教える場がきちんとありました。人々は家庭や地域コミュニティの中で、自然に学ぶことができたのです。様々な個性が並ぶ中で、それぞれが議論したり、確認したりするという仕組みがありました。しかし、残念ながら現在ではその仕組み自体が壊れています。教育、つまり「教え育てる」という価値の共有システムが、戦後から現在までの間に機能不全に陥ってしまったわけです。

国家が壊れないためには、単に受験勉強用のノウハウを教え込むのではなく、人としてのあり方、自分と他人を結びつけるおかげさまネットワークの存在、自然の素晴らしさ、そういう基本的な道徳を教育の場で十分教えることが必要だと思います。

国を愛する気持ちは、
歴史を正しく学び、
互いを思いやることから
生まれる。

「愛国心」という言葉を
「正しいのは自分の国だけだ」という意味で
誤用してはいけない。
歴史や価値観を正しく理解してこそ、
自分の住む郷土を愛する心が生まれる。

江戸人が使った「死んだら御免」

「郷に入っては郷に従え」ということわざがあります。私たちにはなじみ深い言葉であり、そうやって暮らすことで円滑《えんかつ》な社会を築いてきたのです。

戦前の動乱期と戦後の混乱期に世界中へと渡り、苦労の末に現地に溶《と》け込んだ日本人は大勢いますし、今でもその子孫たちが世界中にいます。もちろん海外だけではなく、自分が生まれ育った故郷を離れて違う土地で暮らす時でも、その土地の習慣や作法を学び、節度ある行動をとるのが日本人です。

また、国内においては、昔から、農村には「結《ゆい》」、町には「講《こう》」という仕組みがありました。

「結」は農作業における相互扶助の仕組みです。農家は何かと忙しいので、農家同士が互いに協力し合うというものです。繁忙期に労力を提供するだけでなく、資材や資金などを融通し合う仕組みもありました。

「講」も結と同じく相互扶助の仕組みですが、もともと講はお坊さんたちの研究会や勉強会が発祥とされます。ですから仏教や民族宗教など信仰を同じくする人々の団体を指すこともあれば、町の組合・寄合《よりあい》に近い組織を単に講と呼ぶこともあります。これらはすべて「お互いさま」の精神で成り立っているものであり、同時に「おかげさま」の精神が発露《はつろ》した結果でもあるのです。

そんな精神構造を最も端的に具現化しているのが「あいさつ」です。家庭や生活地域や職場で「こんにちは」「おはようございます」「こんばんは」といった基本的なあいさつを交わすことで、私たちは「お互いに今日も生きていますね」とか「おかげさまで今日も元気ですよ」と確認し合っているのです。

あいさつが大事な理由はここにあります。皆、お天道さまの下で、一緒に暮らしている仲間なのです。地域に溶け込むことやあいさつを交わすことは、私たち日本人が最も大切にしてきた歴史的な習慣であり、一つの文化です。

また、江戸の庶民から生まれた作法「江戸思草《しぐさ》」は、相手を思いやる気持ちを行動として表している代表例です。思草の思は思慮、草は行為を示します。

雨降り時に互いにぶつからないよう配慮する「傘かしげ」、歩いている時の「肩引き」、混《こ》んでいる席を詰め合う「こぶし腰浮かせ」、すれ違う者同士が交わす「会釈《えしゃく》の眼差《まなざ》し」、公共の場での行動マナーには、お互いさまの精神があふれています。

もちろん「江戸思草」は現代にも生きています。例えば電話をかける時には相手と対面している心で応対するので、感謝の気持ちを表現する場合、受話器を持ったまま見えない相手にお辞儀をしているのではないでしょうか。本人が無意識の内に発している感謝の念が、相手に飛んで伝わっています。日本人のこうした配慮は、会話や言葉にもあふれています。

初対面の相手に年齢、職業、地位などを聞かない「三脱《さんだつ》の教え」、命を頂《ちょう》戴《だい》して自分が生きることへの感謝を述べた「いただきます」、そもそも有《あ》ることが難《かた》いという言葉から生まれた「ありがたい」（ありがとう）、相手の仏心（または希望）にしっかり対応できない時の「あい澄《す》みません」など、挙げるときりがありません。

ちなみに江戸の人々は口約束を重視しました。そこで生まれた言葉が「死んだら御免《ごめん》」。とにかく約束したことは絶対に守る、でも自分が死んでしまった時はその約束を御免こうむるという意味です。御免は謝罪であり、相手の許可を求める言葉でもあります。

証拠がないとか紙に書かれていないからといった理由で、現代人はいとも簡単に口約束を反故《ほご》にしますが、口からいったん出た言葉には大きな責任があるのです。それは下手《へた》な約束、失礼な言葉を決して口にすべきではないという意味であり、「言霊《ことだま》」を重要視してきた先人たちの叡智《えいち》です。

言葉や行動には、その国の歴史がそのまま出ます。

歴史は、その時代の権力者が作るのではありません。その国の民が連綿《れんめん》とつむいでいるのです。だから歴史を知るということは、すなわち私たちの先祖がどう暮らしてきたのか、何を残してきたのかを知るためのチャンスなのです。

海外に目を向けることも大切ですが、私たちはもっと日本という国を知ることが必要だと痛感しています。

あいさつは思いやりの作法であり、お互いの生存確認である。

自分が口にした言葉には責任を持つ。
言葉には言霊があり、
非礼な言葉を口にすべきではない。
言葉はその国の歴史を表す。

「人をだますな」と教えるか「人にだまされるな」と教えるか

日本人は精神性の高い民族です。

「愛、調和、寛容」の三つが、まさに日本人の特性を表していると感じている人は、たくさんいると思います。

普段はあまり意識しないかもしれませんが、スポーツなどの国際大会ではそれを強く感じるのではないでしょうか。日本人は、日本代表だけでなく、ほかのチームに対してもその好プレーに惜しみない拍手を送ります。また、日本代表を打ち破ったチームであっても、勝ち進んでいけば応援します。どんな種目においても汚い試合はしません。外国人や外国のメディアは、日本人のフェアプレーの精神に一様に驚きます。

スポーツをやっている方なら当然のように知っていますが、日本の指導者は競技に勝つだけではなく、人としての誇りを持てと選手を育成します。スポーツマンシップですね。たとえ負けてしまったにせよ、全力で戦った結果であれば日本の世論は選手を責めたりせず、拍手を送ります。選手の悔しさと誇りが理解できるからです。

そこには「勝つことは素晴らしいけれど、勝ち負けだけがすべてじゃない」という精神性があります。負け方にも美学があり、日本人は世界中の誰よりもそれを知っているのです。

例えば、ソチオリンピック・女子フィギュアスケートでの浅田真央選手のフリーの演技。素晴らしい表現力で勝ち負けを度外視した大変リスクのある難しいジャンプを連発(世界で初めて六種類の三回転ジャンプを計八回跳んだ)し、メダルには手が届かなかったけれども、本人も日本国中も大いに感動し、大満足したことなどまさに日本人ならではだと思います。さらに、史上初の演技に対して三位の評価でしたが、本人もわが国もいっさいその評価に対してクレームをつけることはありませんでした。

また「水に流す」という言葉も、日本人らしい言葉です。

諸外国では何かトラブルがあった時、水に流そうという空気にはなりません。相手の非を責め立て、自分の非を覆《おお》い隠し、時には非がない相手に対して謝罪を要求しようとします。

どちらかが疲れて折れるまでそれが続くわけですが、日本人はそうした空気を嫌います。ケンカ両成敗《せいばい》という言葉は、水に流すという言葉とセットで使われますが、そもそもケンカやトラブルはもとをたどると、必ずと言っていいほど双方ともに大なり小なりの原因を担っています。

それが本能的にわかるのが本来の日本人であり、この言葉の深意が理解できる海外の人々は、そうした日本人の行動を一つの解決策として認めています。

これが愛であり、調和の心であり、寛容なる日本人の文化です。

いがみ合っていても何も解決しないし、前に進まないということです。

そのような国民性を考えると、近頃よく耳にするクレーマーは本来の日本人の姿ではありません。相手を追い詰めてボロボロにするまで毒を吐くという心根《こころね》の悪さは、権利と義務をはき違えたことから生まれる精神で、日本人が大切にしてきた「おかげさま」「お互いさま」の気持ちに反するものです。クレーマーがはびこるような風潮を変えるためにも、基本的な道徳を教えることが肝要なのです。

道徳を教えるに当たっては、基本的なことは聖徳太子のとなえられた十七条憲法でこと足りるだろうと私は感じています。人として必要なこと、守るべきことが、すべてコンパクトにまとめられているからです。

十七条憲法の内容をきちんと理解できれば、人間はおかしなことをしなくなるでしょう。自分が暮らす社会がどう構成されているか、自分はどういう位置にあるのか、人としての道が、明確にわかるからです。

十七条憲法も、水に流すという発想も、一万年以上前から世界中の多数の民族が極東のこの島にやって来て、仲良く暮らしていることがベースにあります。他国と陸続きの国家で生まれ育った人々との思考的な違いはここから生まれています。だからこそ、その時代ごとに小競り合いはあったにせよ、世界的に見ても稀有《けう》な天皇制を日本は維持することができました。

人をだますなと教えるのも、日本人の特質です。

海外に目を向けると、人にだまされるなと教える国や民族があります。この言葉の背景には、だまされるくらいならだませ、人を疑えという意図が見えます。日本人はお人よしだからだましやすい、高潔《こうけつ》な民族だからつけ入りやすいと考えられがちです。

それでも私は、人をだますなと教える日本人の心が好きです。その心根を持つことこそ、自利・利他を実現できる最良の方法だと感じます。

いがみ合って
ばかりいては
前へ進めない。
そんな時は水に流して
わだかまりをなくす。

どちらかがダウンするまで続けるケンカほど
無意味なものはない。

神道はすべてのものをありがたいと感じる力

二〇一三年秋は、伊勢神宮と出雲大社の同時遷宮《せんぐう》が話題となりましたが、神社や神道《しんとう》に関する国内外の関心度は年を追うごとに上がっています。

これは日本人の感性が、良い方向に向かっている兆候だと私は感じます。

神道とは感性そのものです。

どこか作法ばかりを恭《うやうや》しく取り上げる風潮は否めませんが、そうではなく、神道は「すべてのものに神性を感じる力」が最も大切であり、その心根です。

西洋風な言い方をすれば汎神論《はんしんろん》になります。一神教が多い西洋ではそう捉えるでしょうが、八百万《やおよろず》の神さまを敬ってきた日本人からすると、すべてのものに神が宿っていると感じるほうが自然です。

神道は「愛、調和、寛容」という日本人の特性そのものであり、何ごとも神意に反するのか、反しないのか、その視点で見ることが大切なのです。作法にばかり走り、形をなして安心感を得ようとするのは見当違いです。

神意に満ちた決断をされる患者さんに出会うことがあります。

ある時、肺炎で居住地近くの病院に入院されていた七〇代の男性が、当院ICU（集中治療室）への転入を希望されました。ぎりぎりのところで助かりましたが、結果として気管切開を施さなければいけなくなり、さらに透析の導入が必要となったことから転院されました。しかしその後、呼吸機能が低下すると同時に鎮痛剤によるコントロールが必要となり、再び当院に戻られました。そんな状況下、男性は自分の意思で終末期医療を望まれ、ご家族も全員が男性の意思を尊重され、「とにかく楽に」ということで緩和治療を行ない、じきに逝かれました。

私はこの時のご本人と、ご家族の「潔さ」に感服しました。

どんな状態でもいいから生かしてくれと話されるご家族も多い中、こうした静かな決断には勇気が必要であり、家族のコミュニケーション力が試されます。

やることはやった、あとは神意に反することのないようにという見事な決断には、まるで武士道然とした姿勢がうかがえます。

潔さとは感性そのものであり、感性とは霊性そのものです。すなわち潔さとは神道の根幹をなすものであり、本来、私たちすべてが持つ「生まれながらの感覚」なのです。

先ほど挙げた「水に流す」という言葉も、神道を持つ日本人だからこその言葉です。どんなトラブルであれ、私たちは神さまから賜った命を大事にともに生きる仲間、だからおかげさまでありお互いさま、そんな深意がこの言葉にあります。

ちなみに神道と、戦前の国家神道は全く違うものです。

神道は本来、成文《せいぶん》による規範を持たない寛大な感性であり、戦前に国策として進められた国家神道とはその性質が全く異なります。この国家神道こそ、私たち日本人が長年、神道と向き合う機会を逸した最大の元凶です。

神道が作法でがんじがらめになっていない、典型的な証拠があります。

それは「拍手《はくしゅ》」です。

神社の拝殿前では、二礼二拍手一拝で拍手を二回打ちますが、出雲大社や宇佐神宮（宇佐八幡宮）の神官は四回、伊勢神宮の神官は八回の拍手を打ちます。伊勢神宮では二礼ではなく四礼です。ちなみに拍手が三回以下の場合は「短拍手《みじかて》」と言われています。

拍手自体も普通のもの以外に、音を出さない「偲手《しのびて》」、直会《なおらい》（神事の後の酒席）で杯を受ける時に一回打つ「礼手《らいしゅ》」など、深いものがあります。

私たちの手は、物をつかんだり握ったりするという運動機能を担うものとして存在するだけではなく、大自然のエネルギーが常に出入りする場所です。手当てという言葉にはそういう深意がありますが、拍手もその例に漏れず、手を合わせることには「祈り」のエネルギーを生み出す力があるのです。

すべてのものは、
神さまから賜った命を
大事に、
ともに生きる仲間。

すべてのものに神性を感じる力が大切。
神道には、愛と調和と寛容の心を体現する
究極のかたちがある。

◆「清明正直」に生きる

神道には「清明正直」の心があります。

「せいめいせいちょく」とも「じょうみょうせいちょく」とも読みますが、心を清らかに浄化し、正しく素直に発揮して神に近づくよう生きることが大事という意味です。

理屈ではわからない、目には見えない神性や自然界の循環を大切にしてきた日本人の心根が、この四文字に滲み出ています。神性はどこか遠くではなく、私たちの胸の内側にあります。言葉でいちいち理解する必要もありません。

神道は西洋の一神教的宗教や仏教と異なり、神と人の間に横たわる永遠の感性だと感じます。ずっと昔から自分の胸の内に神性が宿っていたわけです。

西行《さいぎょう》法師による「なにごとの　おわしますかは　しらねども　かたじけなさに　なみだこぼるる」の名句は、伊勢神宮を詠《よ》んだ一句です。ここに神道の本質、つまり古来、連綿と続いてきた日本人の信仰心が表現されていると思います。

神道と切っても切り離せないのが、天皇陛下という存在です。

天皇陛下には到底及びませんが、私も自分が生かされていること、この世でともに生きる人が生かされていることに対して、日々感謝しながら祈ります。朝起きた時、ご飯を食べる時、仕事を始める時、夜寝る時、ありがとうございますと感謝します。祈りは大いなる存在に通じるエネルギーなのです。

天皇陛下は日本人そのものであり、そもそも天皇という役割は日本の最上位に位置する「祈る人」です。日本という国家のまさに扇《おうぎ》の要《かなめ》であり、精神的支柱であり、神の世と人の世をつなぐ役割なのです。

つまり「神とつながることを民と共有する」役目を持ち、平和と安定を祈る最も重要な神主、それが天皇陛下という存在なのです。

心を清らかにし、
正しく、素直に。
いつもそう祈りながら
自分の道を歩む。

天皇陛下は日本の最上位に位置する「祈る人」。
神と民をつなぐ役目を持ち、
平和を祈る重要な神主。

◆あちらの世界で開く反省会

拙著（『人は死なない』）で述べたように、私は死を従来の価値観とは切り離して考えています。

死は肉体死であることに間違いありませんが、私たちの魂は永続します。その意味で、亡くなった方が自分のすぐそばで見守ってくれているのも事実であると公言しています。これも実は古来、日本人が持っている感性の一つにすぎません。

その感性とは「ご縁」です。ご縁はつながりそのものです。日本人なら皆、ごく自然にこの感性を持っているわけです。言うまでもなく、ご縁は自分と誰かとのつながりです。生きている方とのご縁もあれば、すでに他界している方とのご縁もあります。同時に、ご縁は自分と神さまとのつながりなのです。神さまは目には見えませんが、そもそも見る存在ではなく、感じる存在だと思います。ご縁も見えるものではなく、感じるものです。

死は終わりではありません。私たちの魂は永続します。そもそも私たちの本質は肉体ではなく魂ですから、病気も加齢も本当は何も怖がる必要はないのです。

亡くなった人に対する深い悲しみは、味わった人にしかわかりません。私自身は両親も弟もすでに他界しました。喪失感はありますし、もっと話をしておけば良かったという気持ちもあります。でも今は、私がいずれあちらの世界へと戻った際に、皆で反省会でもしたいという思いが強まっています。

ですので、残された者が持つ寂しさは今の私にはありません。こちらの世界とあちらの世界のことを理解しているつもりです。

残された私たちは、ちょうど競技場で動くプレーヤーのような存在です。そして、観客席には他界した方々がいて、声援を送りながら私たちを見守ってくれています。その間にはハーフミラーがあり、競技場からは観客席が見えませんが、観客席からは私たちが見えます。

競技場にいるプレーヤーにはいろいろな苦難が待ち受けています。しかし、私たちはそれを乗り越え、課題をクリアし、人生という競技を学ばなければならないのです。楽しい学びも当然ありますが、どちらかと言えば苦しいと思えてしまう学びのほうが多いかもしれません。

私たちが疲れ果て、へとへとになり、悩んでいるそんな時でも、観客席からは「負けるな」という声援が飛んでいます。そして、何らかの難しい局面を無事に乗り切った時は、「よくやった」とご先祖さまたちは拍手喝采《はくしゅかっさい》です。声援や拍手が音声として聞こえるわけではありませんが、私たちはそれを感じる瞬間があります。個人によって違いますが、もしあなたが「あれっ？」と何かの気配を感じたら、それはあなたを大切に見守っている方からのメッセージかもしれません。その感性を、もっと大切にしてください。見えないけれどおかげさま、なのです。

そしていつか、彼らと再会する日のことを楽しみにしてください。

この世は競技場であり
私たちは今を生きる
プレーヤーである。

目には見えなくても、観客席では他界した
人々が私たちに声援を送っている。
いつか彼らと再会する日を楽しみに、
今を一生懸命生きよう。

◆日本人に受け継がれてきた「別品の心」

私たち大人には、若い世代を見守るという大事な仕事があります。ともすると「最近の若い人は……」と言い放ち、何かと距離を置いてしまう人もいるかもしれませんが、それでは私たちの役割を果たしたことにはなりません。大きな節目にさしかかっている時代だからこそ、若い世代を広い視野で見守りつつ、メッセージを伝えるべきです。

命のバトンだけでなく、伝統や文化といったバトンも世代から世代へと渡されてきました。それを私たちの世代で途絶えさせるわけにはいきません。

中でも特に、時代が変化しても変わらないものを、心を込めて伝え続けることが大切です。

一万年以上も前から、世界中の様々な民族が混ざりながら暮らし始め、やがて日本列島に定着したのが私たちの祖先です。現在に至るまで連綿と受け継がれてきた私たちの遺伝子は、心と体の両面でつながりを感じることができる特性を持っています。

先祖から受け継いだ肉体、霊性を感じる心、大いなる存在という三つのバランスが上手に保たれてきたからこそ、日本人は海を渡って国内に入る多くの人や物を笑顔で受け入れてきたのです。この歴史観こそ、若い世代に伝えるべきメッセージです。

若いうちはいろいろなことで心が折れがちです。例えば、友達とうまくいかない、親とケンカした、失恋した、内定が取れない、希望の職種・勤務地ではない、お金がない……。これらは年配者ならある程度は通過した道ですが、経験の少ない人には何ともつらい状況です。

よく「心変わり」という言葉を耳にしますが、心というのは毎日コロコロと変わるものです。心は経験や感情がないまぜになった意識ですから、どんどん変わります。その心から生まれるのが言葉です。会話で使う言葉には、その人の心が投影されます。

私が若い人に伝えたいのは、誰かの言葉に左右されないで欲しいということ。誰かの言葉に振り回されないで欲しいということです。言葉が心から生み出されるという仕組みがわかれば、もう振り回されないでしょう。

迷った時、あるいは悩んだ時は、どんなに周囲と相談しても、最後は自分の胸の内と静かに対話してください。そこから聞こえる声があなた自身です。

また、若い人には「別品《べっぴん》の心」を持っていただきたいと願います。

別品は「きれいな女性」を指す、いわゆる褒め言葉として現在では通っていますが、本来は「普通と違う」とか「特別な品」という意味を持ちます。

江戸時代の歌舞伎の脚本にも、この言葉が登場します。

私たち日本人は、歴史的な背景、文化・伝統的な素地、高い霊性、ぶれない道徳心といった別品の心を代々、受け継いできました。別品の心を持つということは、人と自然を愛し、易きに流れず、自利・利他の精神をいつでも発揮するということです。

もう一つ、何ごとも思い込まないでください。

思い込みは、ことの本質を知らないくせに予断を持つということです。

若いうちは、誰しも知識や知恵がありません。私は京都大学の大学院で医化学研究室に籍を置いていたことがありますが、どうもうまくいかず、行きづまった時期がありました。基礎研究において、自分は本当に才能がないのだと思い知らされました。では、そうした日々に全く意味がなかったかと言えば、その逆です。その経験があるからこそ、いろいろな見極めができるようになり、今の自分があります。

若い時にやりがちなのが、何もしないうちから「多分こうだろう」という勝手な思い込みを持つことです。実に安易な判断を下し、自分がつかめるはずだった選択肢がゼロになることも多いのです。自分で勝手に機会喪失してしまうのは、もったいないと思いませんか？

そうではなく、「自分はよく知らないのだ」「自分の知識や知恵なんてちっぼけなものなのだ」という謙虚さが欲しいものです。それを周囲にさらけ出しても苦痛ではありません。むしろ爽快《そうかい》でしょう。素直に知らないと言えば、親切な教えたがりがあなたに教えてくれます。これほど便利な方法はありません。

そしてその時は、謙虚に教えを乞《こ》うてください。素直で謙虚さを忘れない人は周囲にかわいがられます。もちろんこれは中高年にも適用されるルールです。

言葉に左右されない。
別品の心を持つ。
思い込まない。

易きに流れず、ぶれない道徳心を大切に。
そして、謙虚に教えを乞うことで、
自分を高めることができる。

過去を変えることができる

心持ちが変わると、人生そのものがガラッと変わりますが、大半の方は「そんなこと普通は簡単にできませんよ」と口にします。そういう言葉を聞くと、ちょっと残念だなと思います。もっとも、私だって何か特別なことをしているわけではありません。では何をしているのか？

今を楽しむ。

たったこれだけです。拍子抜《ひょうしぬ》けするかもしれません。でもこれだけです。ほかには何も必要ありません。考えてみてください。今、人生が楽しければ、その人の意識は過去と比べて格段に上がっているはずです。あれをやってみたい、これをしてみたいという希望や期待は、その都度、自分を新しいステージに連れて行ってくれます。

その際に不要なもの、それが「昔は良かった」あるいは「昔からダメだった」という思いです。これらは意外と強い執着です。いずれも時間軸で見ると後ろ向きで、こういう感情が自分の中にある限り、いつまで経っても進化することはありません。そもそも昔どうだったにせよ、今を楽しむことで昔のことは比較対象から外れます。今を楽しめると何かと比較することがなくなります。

人間は新しい経験をすると、その時に得た気持ちが感情領域全体の最大シェアを占めます。私たちの体にはアポトーシスという仕組みが備わっています。これは古くなった細胞を死なせて、新しい細胞と入れ替える便利な仕組みです。アポトーシスがあるからこそ、私たちの体は日夜再生しているわけですが、感情面でもアポトーシスが作用していると私は感じます。

なぜなら古い感情は時が経つと薄れ、新しい感情に置き換わるからです。

親しい人を亡くすと、誰もが悲しみを経験しますが、時間の経過とともに悲しみは薄れます。これを「時間薬」（時薬《ときぐすり》）と言います。

これがまさに、感情面でのアポトーシスです。

今を楽しめていないと、昔は良かったといつまでも後戻りしかできません。同時に、今を楽しめれば過去を変えることができます。過去というのは自分の意識が連続した集合体だからです。あの時はつらかった、悲しかったけれども、あれがあったから今がある、素直にそう考えるのは正しいと思います。

過去を変えるというのは、起きた出来事の意味を変えるということです。昔のことなんて忘れたよと笑うことがありますが、私はそのスタンスこそ快適な人生を送るために必要だと感じます。執着しないことで常に両手が空《あ》きますから、新しい経験がつかめます。釣りの世界にキャッチ・アンド・リリースという言葉がありますが、意識レベルの上昇はまさにあの通りに行なわれるのです。

古神道に「中今《なかいま》」という言葉があります。過去はどうであったにせよ、今を生き切ることが大切だという意味です。もっと拡大解釈すると、過去も未来も、今の連続です。時間というのは今の意識が連続して作り出された集合体だからです。だから過去が、未来が、ことさら執着する必要はないのです。

今を楽しむこと。たったそれだけで、人生は変わります。

時間とともに
起きた出来事の意味は
変わる。
今を楽しめば
過去は変わる。

昔のことにこだわらない姿勢こそ、
快適な人生を送るための心構え。
執着しなければ両手が空き、
新しい経験を得られる。

最後になりましたが、この本を出版するにあたり、せちひろし事務所の瀬知洋司さん、友人の赤尾由美さん、稲葉俊郎くんに大変お世話になりました。ここに深謝いたします。

解説

榎木孝明

私たちの世界観が近年急速に変化して来ました。その世界とは私たち自身の世界であり、すなわち私たち自身の心の反映だと思います。「意識が変われば現実が変わる」この言葉が近年すっかり私の中で定着して来ました。

一昨年、ひと月間の「不食」を敢行しました。「不食」とは「断食」や「絶食」のように明確な目標を持って頑張る行為と違い、食べなくても大丈夫じゃない!? という、極めてゆるい行為だと思っています。ひと月間を水分と少量のブドウ糖のかけらと塩飴で過ごし、一切の固形物を食べることを止めてみたのでした。

賛否両論ありましたが、食べないことを持続するという強い意志があっただろうと度々指摘されました。しかし実際には頑張る気持ちは全くなく、自分の意識さえ変われば後は身体の方が勝手に変わっていくことの体験でした。その証拠に「今から食べることを止めよう」と意識したその瞬間からひと月間一度もお腹が空いたという感覚はなく、むしろ腹八分の満腹感に近い状態がずっと続いたのでした。

先ほどの「意識が変われば現実が変わる」の〝現実〟という言葉が、〝自分の身体〟に入れ替わった状態でした。

ひと月間の「不食」の間はドラマの撮影、地方での取材番組の撮影、武術の稽古と、それまでと何ら変わらぬ生活を送っていましたが、別段健康面で支障を来すということもなく過ごしました。途中、1週間ほど経過した頃に身体のだるさを覚えましたが、医師の助言でブドウ糖のかけらを舐めることでそれもすぐに解消しました。敢えて問題点を挙げるとすれば、闘争本能が減退する分、取材番組の中で覇気がなくなったことと、連続ドラマの人物の体型が変わってしまったこと位でしょうか。

体重はその期間の半ばで10キロほど痩せて、その後は最後まで減ることなく一定していました。以前本で読んだ「健康体重まで落ちたらその後は痩せなくなる」という現象を体験したのでした。体力的には散歩にも武術の稽古にも何ら支障を来すことはなく、むしろ無駄な動きがより少なくなり身体が軽くなった感覚でした。

他にも長年の腰痛が「不食」を始めて3日目からひと月間全く消えたり、睡眠時間が短くなり4時間でスッキリと目が覚めるようになったり、肌がつるつるになったりなど多くの改善点が見られました。

人類の長い歴史の中で食する行為はいつしか常識化し、それに反応した身体が出来たと考えられます。その人間の常識の延長に病気や飢餓や餓死があるのだと思います。人が生きていく上で最低○キロカロリー必要である、○の栄養素が不足すると変調を来す、○日間食べないと人は死ぬ……等がこれまでの人間の常識の範疇だとしたら、私たちの意識が変わって身体が新たな機能に目覚めるのは、新しい常識の始まりと言えるかも知れません。

ただ私はこれまで「不食」を人に勧めたことは一度もありません。生命や健康状態を維持するには、人それぞれの信念体系があります。つまり自分にとってこれが一番良いと思うことに、身体は反応するのであろうと思うのです。それでも「不食」を相談して来る方には、もし一日食べないことを意識してお腹が空かなかったら、いきなり「不食」とまではいかなくても「節食」や「少食」で自分の身体の反応を見ることから始めるのもいいかも知れませんねとお答えすることにしています。

お腹が空いていなくても時間が来れば食べるという行為は、単なる生活習慣で知らず知らずに身に付いた常識とも言えます。身体に必要以上の負担をかけないという意味でも、お腹が空いていなかったら食べないという選択肢もあるのです。

私は自分の身体はこの世の借り物であると考えていますので、その身体自身の声に耳を傾けてなるべく長持ちしてもらえるように気を使いたいと常々思っています。


さて長々と「不食」について書いて来ましたが、ここらでやっと矢作直樹先生に登場してもらいます。

ひと月間の「不食」が終わり、世間の興味度が高かったせいもあり、様々な形でマスコミで取り上げてもらっていた時のことです。ゲストで呼ばれる情報番組の中でもコメンテーターの方々の賛否両論色々な意見がある中で、心ない意見を投げかけられたりもしました。私は一切反論はせず経験上の意見を淡々と述べることに徹していましたが……。そんな時に矢作先生からいただいた「出る杭は打たれるけど出過ぎた杭は打たれない」という一言は、目からウロコの至言でした。

確かに人は好きなことを言いますし、だからといってその内容に責任を持っているわけではありませんから、いちいち人の意見を受け止めて考え過ぎる必要はないのだと納得したものでした。

矢作先生もまた新しい常識を生み出し続けていらっしゃいます。人は死なないと。いえ、これは新しくも何ともなく、ごく当たり前の本当の常識と言い換えた方が正しいかも知れませんね。

長い人間の歴史の中で、その時々の時代に見合った多くの常識が作られ続けて来ました。中には時の為政者や宗教家の都合によって作られたものも多々あります。矢作先生の著作は、長い時をかけて人間の欲や錯覚によって作られた常識を、本来の道筋に戻すものと言えるかと思います。

私たちが忘れていることや本能が覚えていることをサラリと書かれると、そこからカタルシスを感じたりもしますが、それがこの本が売れ続けている一番の要因かと思います。

私も矢作先生を見習って本業の芝居を通じて5年ほど前から「時代劇再生運動」を始めました。これには3つの大きな柱があります。

一つ目が国主導型の時代劇作りです。時代劇とは現代の景色では撮ることの出来ない、すなわちちょんまげの江戸時代以前はもちろん、明治、大正、昭和の初期から中期までを勝手にそう定義づけています。

黒澤明監督の時代は日本映画が世界を席巻していました。それは敗戦国の負のイメージを払拭し、日本人の誇りを取り戻すことにも貢献しました。今、国はそのことを深くは考えていませんが、お隣の韓国のように映像文化を国の輸出産業に育てて、自信を持って世界に発信出来る本物の時代劇作りを呼びかけています。時代劇は総合芸術とも呼ばれ、今では失われつつある日本の本来の精神文化や生活習慣、そして伝統芸能、伝統工芸などを網羅出来ます。武士道に基づく日本人の精神は、今の乱れた世界を本当の平和に導ける可能性があるかも知れません。

二つ目は世界の人気観光地ナンバーワンの京都に大時代街を作る提案です。

ディズニーランドやユニバーサル・スタジオのアミューズメントパークがあるのに、何故日本文化を発信するそれらに匹敵する施設はないのでしょうか。

私は少子化高齢化で人口減少に悩む多くの街に映画街化を提案しています。映画街化した街への移住を全国へ呼びかけ、人が住むロケ地として新たなコミュニティーを作るのはどうでしょうか。そこでの時代劇撮影時にはもちろん住人にエキストラとして出演してもらいます。残された自分の人生の長さを考えた時、そろそろ自分の為にはさておき、世の為、人の為に生きることを考えてはどうでしょう。ひいてはそれが自分の生きる喜びになること請け合いです。行く行くはそこを観光地として発展させていけば、日本文化に興味を持つ大量の外国人を呼び込むことも可能かと思います。

3つ目が本来の日本人としての教育です。なぜ今ここに自分は生まれて来たのか。何の為に生きるのかの疑問は、誰しも一度や二度は抱いたに違いありません。しかし今、多くの人が日本人としてのアイデンティティーを語れないのも事実です。

戦後の民主主義化の中で生活の便利さと引き換えに、礼節など誰もが持っていた日本人の美徳も失われて来ました。戦後72年目にあたり、そろそろ損か得かの時代から本物か偽物かの時代へとシフトしても良い頃ではないでしょうか。本物の映画を作るには、それを表現するのも又本物の人物である必要があると思います。

本来の日本人の素晴らしさを再認識しましょうという方向性は、私と矢作先生は同じだと思っています。ただ矢作先生の恐れを知らぬ自分を貫く強さは尊敬するとともに、今後見習いたいものだと思っています。出過ぎた杭に敢えてなる為には勇気が要ります。それを今後の時代の変わり様が、後押ししてくれるのを期待したいと思います。

近未来には驚くべき面白い時代の到来を予感しています。時間と空間を超越した宇宙的進化がすぐそこまで来ているのかも知れません。それを受け入れる為にも矢作先生のおっしゃる基本的な人間としての生き方を、心を広くして受け入れる必要があるかと思います。今後私がやりたいことが色々ある中に〝生と死の融合〟があります。いわば〝次元を超えた交流〟です。それを知ることで今を生きる意味がより明確になるだろうと思っています。それを言える時代ももうすぐ来ると思いますが、常に私の先を走っていらっしゃる矢作先生を目標にして勇気を貫いたいと思います。

「ワクワクと今を生きることの中にすべての答えがあります」との言葉でしめて、矢作直樹先生への応援メッセージとさせていただきたいと思います。

——俳優

この作品は二〇一四年六月小社より刊行されたものです。

幻冬舎文庫

●最新刊
ふたつのしるし
宮下奈都

田舎町で息をひそめて生きる優等生の遥名。周囲に貶されてばかりの落ちこぼれの温之。二人の〝ハル〟が、あの3月11日、東京で出会った。出会うべき人と出会う奇跡を描いた心ふるえる愛の物語。

●最新刊
私たちはどこから来て、どこへ行くのか
宮台真司

我々の拠って立つ価値が揺らぐ今、絶望を乗り越え社会を再構築する一歩は、「私たちはどこから来たのか」を知ることから始まる――戦後日本の変容を鮮やかに描ききった宮台社会学の精髄。

●最新刊
誓約
薬丸　岳

家族と穏やかな日々を過ごしていた男に、一通の手紙が届く。「あの男たちは刑務所から出ています」。便箋には、ただそれだけが書かれていた。送り主は誰なのか、その目的とは。長編ミステリー。

●最新刊
総理
山口敬之

決断はどう下されるのか？　安倍、麻生、菅……それぞれの肉声から浮き彫りにされる政治という修羅場。政権中枢を誰よりも取材してきたジャーナリストが描く官邸も騒然の内幕ノンフィクション。

●最新刊
花のベッドでひるねして
よしもとばなな

捨て子の幹は、血の繋がらない家族に愛されて育った。祖父が残したB&Bで働きながら幸せに過ごしていたが、不穏な出来事が次々と出来し……。神聖な村で起きた小さな奇跡を描く傑作長編。

おかげさまで生《い》きる

矢《や》作《はぎ》直《なお》樹《き》

平成29年4月15日　初版発行
平成30年7月25日　2版発行

発行人——石原正康
編集人——袖山満一子
発行所——株式会社幻冬舎
〒151-0051東京都渋谷区千駄ヶ谷4-9-7
電話　03(5411)6222(営業)
03(5411)6211(編集)
振替00120-8-767643

印刷・製本—株式会社　光邦
装丁者——高橋雅之

幻冬舎文庫

ISBN978-4-344-42609-2　C0195　心-6-1

幻冬舎ホームページアドレス　http://www.gentosha.co.jp/
この本に関するご意見・ご感想をメールでお寄せいただく場合は、
comment@gentosha.co.jpまで。